麦积山石窟

文物工作七十年

◎ 麦积山石窟艺术研究所 编

文物出版社

图书在版编目（ＣＩＰ）数据

麦积山石窟文物工作七十年 ／ 麦积山石窟艺术研究所编.
—— 北京 ： 文物出版社，2018.4
ISBN 978-7-5010-5495-4

Ⅰ．①麦… Ⅱ．①麦… Ⅲ．①麦积山石窟－文物－考
古－概况 Ⅳ．①K879.24

中国版本图书馆CIP数据核字(2017)第295335号

麦积山石窟文物工作七十年

编　　　者　麦积山石窟艺术研究所

责任编辑　王　伟　周燕林
责任校对　李　薇
责任印制　张道奇

出版发行　文物出版社
社　　址　北京市东直门内北小街2号楼
网　　址　http://www.wenwu.com
邮　　箱　web@wenwu.com
制版印刷　北京图文天地制版印刷有限公司
经　　销　新华书店
开　　本　889×1194　1/16
印　　张　11.5
版　　次　2018年4月第1版
印　　次　2018年4月第1次印刷
书　　号　ISBN 978-7-5010-5495-4
定　　价　210.00元

《麦积山石窟文物工作七十年》编委会

编委会主任　李天铭　王万珍

编委会成员（以姓氏笔画为序）

马　千　马爱国　王万珍

王通玲　史　珂　付文伟

白秀玲　刘　勤　孙晓峰

李天铭　李　亮　李晓红

吴爱民　何洪岩　张　铭

张　萍　岳永强　段一鸣

项一峰　夏朗云　唐　冲

董广强　臧全红

主　编　董广强

目　录

前　言

从 1941 年冯国瑞先生拨开麦积山石窟洞窟前的荒草荆棘，至今已经有七十多年的历史；从 1953 年建立麦积山文物保管所，至今也有六十余年的历史。七十年艰苦跋涉，七十年风雨历程；每一次道路坎坷都是发展进步的台阶，每一个前进的足迹都凝结着前辈工作人员的心血和汗水。我们站在这个历史节点回望麦积山石窟所走过的道路，那些道路上的足迹和汗水我们必须铭记，作为一种精神必须传承，使我们以后的道路走得更稳健，步伐更快。

1941 年农历四月初八，冯国瑞先生以个人名义考察麦积山，稍后编写了《麦积山石窟志》一书刊印发行，拨开了遮盖在麦积山上空千年的晨雾，麦积山石窟迎来了曙光，并且在其后数年之间多次考察麦积山石窟，积极筹备建立"麦积山修建委员会"，多方呼吁筹集资金对石窟文物进行保护，是麦积山石窟保护研究的开拓者。

1952 年 9 月，西北文化部组织了炳灵寺考察团，冯国瑞先生参加了此次考察。此次考察结束后，冯先生提议对麦积山石窟进行考察，遂于 10 月对麦积山石窟进行考察，考察团以常书鸿先生为团长，历时一个月。1953 年 9 月，中央文化部组成了"麦积山石窟勘察团"，吴作人为团长。采用文字记录、临摹、摄影等手段全面地调查麦积山石窟。回京之后，发表了大量关于麦积山石窟的文章，为后来的发展奠定了基础。

1953 年 10 月，在甘肃省文化局、天水地区行署等单位的协调下，麦积山文物保管所正式成立，归属天水行署文教科管理。初期的十年可以称为是简单看护时期，限于当时资金、人力、技术等方面的原因，主要工作任务是对栈道、寺院等进行局部的维护性修补。

1961 年 3 月 4 日，国务院公布第一批全国重点文物保护单位，麦积山石窟名列其中。各种管理任务随之加重，经协调将麦积山文物保管所划归到甘肃省文化局管理，并请敦煌文物研究所调派专业人员任所长。自此，麦积山石窟进入专业管理时期。

20 世纪 60 年代的工作主要是大规模地整理栈道，至 1966 年，除个别艰险位置外，大部分位置包括最高处的 5 窟至 135 窟的栈道（俗称天桥）已经架通。并且在国家文物局王冶秋局长的支持下建立起了图书资料室，其他方面的工作也得益于国家文物局的大力协助，成绩斐然。

1972 年 6 月，国家文物局关于麦积山石窟山体加固方案出台，各方面的技术人员聚集麦积山石窟，单位面临着繁重的管理任务，诸如工程的各种前期准备工作、山体的细致调查工作、工程期间的文物防护工作等。国家文物局和甘肃省政府非常重视麦积山石窟的加固，成立麦积山加固工程办公室，协调各个方面的力量保障工程顺利进行。从 1972 年立项到 1984 年工程结束，历时十三年，是迄今为止历时时间最长的文物保护工程，也是 20 世纪七八十年代投资最巨的工程之一。该工程采用"喷锚粘托"综合技术，在不改变山体外貌的情况下成功地加固了山体危岩。

随着麦积山石窟的开放，综合管理以及考古研究、文物保护等方面的任务日渐加重。1984 年 10 月，在文物保管所的体制下成立了专业科室：资料室、保护研究室、接待室、美术研究室等，各个方面的业务工作开始明确细致分工，并逐步走向深入；1986 年 3 月，麦积山石窟文物保管所升格为麦积山石窟艺术研究所。这两个事件标志着麦积山石窟的管理研究转型为现代管理。

今日，麦积山石窟已经成为世界文化遗产，发展也不可同日而语，无论是行政管理、文物保护、人员队伍、考古研究、遗产管理、旅游接待、对外合作等诸多方面都有突破性的发展。但是，我们不能忘却那段艰苦跋涉的历史、不能忘记创业的艰辛、不能忘记前辈走过的路、不能忘记那些人那些事……无论是步履沉重的历史还是成绩斐然的历史，都是我们前进道路上的经验与教训，都是我们前进的动力。

关于本书的体例，总体上是以重要的事件等作为章节的节点，如冯国瑞先生考察、文物保管所的正式建立、管理体制的变动、加固工程的起始等，在每一部分中叙述阶段性的主要工作成绩，但又不能限于时间的限制，同一类的时间在具体的写作时会跨越篇幅的时间段，向前追述或者是向后延续。

我们回顾这段历史，是为了从诸多的工作成绩中寻求出以后发展道路和方向，激励我们不断发展前进，正是无数前辈呕心沥血的工作，才有了麦积山今天所取得的成绩，让我们记住那些在麦积山石窟历史上熠熠生辉的名字：冯国瑞、文得权、常书鸿、吴作人、王振东、张学荣、孙纪元……这些前辈在麦积山石窟最艰苦的岁月里默默坚守、倾力奉献，用他们的一生践行着"坚守深山、责任担当"的历史责任，而新的历史时期也赋予麦积山的后来者"恪守使命、勇于挑战"的麦积精神！这种"坚守深山、责任担当、恪守使命、勇于挑战"的麦积精神一代代传承，必将不朽，并且能创造出更辉煌的成绩，将麦积山石窟的历史文化保护好、研究好、弘扬好！

一 披荆斩棘 古窟燃灯

1941·1953

麦积山石窟地处深山，交通不便，加之栈道长期毁坏未通，无法登临进入洞窟，故近代以来很少有人涉足，只有附近的山民、香客等偶尔到这里烧香拜佛。在20世纪40年代，寺院的宗教活动也只是由数名僧人勉强维持。

1941年农历四月初八，天水学者冯国瑞先生调查麦积山，后编著《麦积山石窟志》出版发行，国人始知麦积山石窟。此后，先后有西北勘察团和中央勘察团以及一些美术史学者对麦积山石窟进行勘察。从这个时期到建立麦积山文物保管所可以称为早期勘察时期。条件艰苦，筚路蓝缕，是麦积山石窟保护研究的创始阶段。

（一）冯国瑞先生与麦积山石窟

让麦积山石窟被纳入现代人文视野的是日本学者大村西崖，1917年（日本大正6年），大村西崖著《支那美术史·雕塑篇》，在此书中，引用了北周庾信《秦州天水郡麦积崖佛龛铭并序》，国外始知大都督李允信在天水麦积山建七佛龛事。但这条资料仅仅是大事记性质，比较简单，并没有引起人们对麦积山石窟的重视。

真正将麦积山石窟重新引入国人视野的是天水学者冯国瑞先生（图1-1）。冯国瑞，1901年生，1926年考入清华国学研究院，师从王国维、梁启超、陈寅恪等著名学者，1927毕业。1949年前，先生曾任甘肃省通志局分纂、青海省政府秘书长、国立西北师范学校教授等职。1949年之后任兰州大学中文系主任、兰州图书馆特藏部主任、甘肃省政府文化教育委员会委员等。先后担任甘肃省文物管理委员会主任、甘肃省文史馆馆员和甘肃省政协委员等职。著有《绛华楼诗集》《张介侯先生年谱》《麦积山石窟志》《炳灵寺石窟勘察记》等。

1941年初，冯国瑞开始整理地方历史文献，接触了很多有关麦积山石窟的资料。同年农历四月初八，冯国瑞和朋友赵尧丞、聂幼莳等同行，首次到麦积山实地考察，以"对证古本"的方式去找古迹，抄录碑文，勘察地理环境，并对洞窟做了编号，共计编号122个。发现以前未有人谈到的壁画，颇有收获。随后写成《麦积山石窟志》（图1-2），由陇南丛书编印社石印300本发行。该小册子是国人对麦积山首次考察研究的成果，当时在《大公报》《益世报》《燕京学报》等新闻媒体均有相关报道，对宣传麦积山石窟起到很大的作用。麦积山石窟始继敦煌之后显扬于世。兰州大学刘文炳教授所做的序中高度概括了《麦积山石窟志》的价值："必待文物劫余之后，而始有《敦煌学》之成学；必待像画劫余之后，而始有云冈、龙门之审存。故在外人未有所著之先，国人皆未之及。唯秦州麦积山石窟之有志，则自天水冯公仲翔始。"

《麦积山石窟志》中对麦积山石窟历史沿革、造像、壁画、建筑及有关碑刻铭文作了较全面的介绍和考证。全志包括12部分：（1）甘肃诸石窟中之天水麦积山佛龛；（2）秦汉间麦积山之史迹；（3）西魏大统时之再建麦积山佛龛；（4）北周李允信之建造麦积山七佛阁与庾信之作铭；（5）散花楼遗迹间之六朝壁画与藻井画；（6）造像；（7）建筑；（8）六朝唐宋明人之摩崖；（9）宋明清人之石刻；（10）瑞应寺；（11）胜迹；（12）艺文附录。全志涉及范围广泛，基本上对麦积山石窟遗存的各个方面都有反映。

图 1-1　冯国瑞先生　　　　　　　　图 1-2　《麦积山石窟志》封面

　　为了保护麦积山石窟艺术，先生提出修建保存文物的博物馆，多次给国民党元老于右任、邵力子、吴稚晖、邓宝珊以及当时的教育部长陈立夫等去信、打报告；觐见国民党西北行辕主任朱绍良、甘肃省政府主席古正伦，提出自己对于保护和维修的意见，多方要求协助。

　　1944 年 2 月，冯国瑞偕同刘文炳教授再次上麦积山石窟考察。这次考察，主要完成石窟的编号及草图测绘工作（图 1-3）。随后写成《调查麦积山石窟报告书》，提出研究和保护方案，并呈报国民党甘肃省政府。

　　1945 年，冯国瑞对山体正面（即东崖）洞窟情况整理并在《和平日报》上报道后，驻榆林的邓宝珊先生（天水人，新中国成立后任甘肃省政府主席）对自发组织保管运动和补修栈道曾给予大力支持。次年（1946 年）9 月拨付了一定的资金对麦积山石窟进行修缮。同年秋天，冯国瑞邀请甘肃省第四区（天水）行政督查专员胡受谦在山中小住，争取到政府少量资金。10 月，对东崖卧佛洞到牛儿堂的栈道工程进行了维护。同时在僧人的配合下，补修瑞应寺房屋及僧房，并建设山馆五间，工程历时两月有余，为来往的学者和游客提供基本的参观和考察条件。并请吴稚晖先生题写"麦积山馆"，还请于右任先生题写了"艺并莫高窟，文传庾子山"的对联（图 1-4）。

　　1947 年初，冯国瑞先生邀请天水县长方定中上山考察，并联合地方有识之士成立了"天水麦积山石窟建修保管委员会"，拟定对有重要史迹洞窟的补修计划。这是首次对麦积山石窟从维修保护和周边环境治理诸方面考虑较为全面的保护计划，可惜因为时局以及资金问题这些计划最终未能落实。

图 1-3　冯国瑞绘麦积山

　　此次上山时，通过与僧人交谈，得知麦积山西崖有"万佛洞"，由于栈道断绝，百年来无人登临。遂请来当地木匠文得权于 2 月 10 日"挟长板，架败栈间，递接而进，至穷处，引索攀援"，于此发现了麦积山最大的洞窟（现编号 133 窟）。冯国瑞依据文得权的口述，认为此洞即是五代诗人王仁裕《玉堂闲话》中描述的万菩萨堂。欣喜之余立即用北周庾信《秦州天水郡麦积崖佛龛铭并序》的原韵撰写《天水麦积山西窟万佛洞铭并序》，后刻石以天水麦积山石窟建修保管委员会的名义勒于山中，现保存于瑞应寺。次年（1948 年）还为文得权题写中堂及对联各一，对联写到"洞窟猿升山上下，莲花鱼戏叶西东"（图 1-5），对文得权在悬崖上上下自如攀援发出了由衷赞叹。

　　1952 年 10 月，冯国瑞陪同西北考察团对炳灵寺石窟考察后，又对麦积山石窟进行勘察。此次勘察编号洞窟 157 个，摩崖石刻题记最早为唐代大中七年（853 年），并对新发现的 133 窟的第十号造像碑在内容、建筑、装饰、雕刻、艺术等方面给予了高度的评价。

　　1953 年 7 月初，中央文化部组织以吴作人为首的专家组对麦积山石窟做进一步的勘查研究。

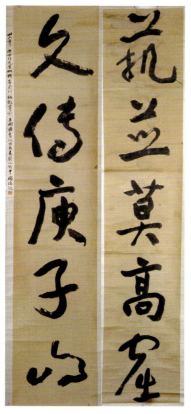

图 1-4　于右任撰写的对联　　图 1-5　冯国瑞赠文得权中堂及对联

7月29日正式开始调查工作，勘察团主要以冯国瑞《麦积山石窟志》为重要文献依据，对麦积山进行了历时32天的考察，冯国瑞随行。这次勘察收获颇大，后来冯国瑞也随团到北京继续做资料整理工作。他写的《麦积山石窟大事年表》和考察团的报告一起发表于《文物参考资料》1954年第二期。从此，众多专家对麦积山石窟的研究都以冯国瑞先生的考证为依据。

　　20世纪60年代生活困难时期，冯国瑞身体日渐衰弱。他自觉来日无多，特命儿孙将家藏的各类文物及书画、拓片共十余箱，悉数捐赠给麦积山文物保管所收藏。他相信只有交给麦积山才会永久保存，如此方不负当年收藏之初衷。冯国瑞捐赠的文物等藏品不乏精品，极大丰富了麦积山石窟艺术的内容，并为进一步开展研究工作，提供了可资借鉴的材料（图1-6）。

（二）西北艺术文物考察团考察麦积山

　　西北艺术文物考察团是抗日战争时期，由国民政府教育部组建的一个针对西北各省艺术文物调研的学术考察团体。该团于1940年成立，由留法归国艺术家王子云提议组团并担任团长（图1-7）。历经四年多的时间，对川、陕、豫、甘、青各省尚未遭到日本侵略者损毁的古代艺术文物进行全面勘察与清理，以文字记录、测绘、写生、模铸、拓印、临摹等田野调查方法展开对西北古代艺术史

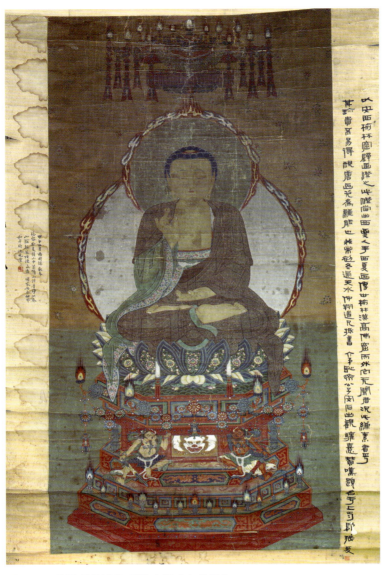

图1-6　冯国瑞捐赠的西夏时期《古佛图》

的基础性研究。

　　1943年秋，王子云先生带领团队考察麦积山石窟，由于栈道败绝，大部分洞窟无法登临。王子云等绘制了麦积山石窟全图，并且对东崖可以登临位置的刻石进行了拓印，拍摄了照片，这是麦积山石窟首次摄影记录（图1-8）。后行文报告了国民政府教育部。时甘肃省政府迫于当时全国文化界抢救麦积山石窟的呼声，命令天水中学校长范沁勘察石窟、绘图，提出保管办法。但限于时局，都没有具体保护措施。

　　1953年，王子云、何正璜等再次来到麦积山石窟考察（图1-9），由于1952年的西北考察团架设了部分栈道，西崖的部分洞窟及127、133、135窟都能到达，此行则对1943年未能到达的洞窟、特别是西崖洞窟进行了考察。西北考察团当时编号157个，虽然没有正式对外公布，但是在学术界还是有流传，当时王子云采用的编号正是西北考察团的编号。

　　随后，何正璜在1953年9月的《旅游杂志》上发表了长篇的《一串被遗忘了的珍珠——天水麦积山石窟艺术》一文，文中分麦积山石窟兴衰史话、洞窟现状、艺术作品介绍等三个部分对麦积山进行全面介绍，其中艺术作品介绍中又分为麦积山石窟的作品特点、建筑、造像、石刻、壁画等几个小节进行了深入的研究工作，文章整体对麦积山石窟的艺术价值评价很高，对开凿年代、历史演变、造像风格等诸多方面均有深刻的认识，是麦积山早期研究中非常重要的一篇文章。

（三）阎文儒、李浴及其他学者对麦积山石窟的考察

　　1945年8月15日，抗日战争胜利消息传到敦煌后，敦煌文物研究所部分工作人员离职东返，在这个过程中，阎文儒、李浴共同考察了麦积山石窟。

图 1-7　西北艺术考察团 1941 年在西安合影

图 1-8　王子云 1943 年拍摄麦积山

图 1-9　王子云 1953 年绘麦积山石窟全景

　　阎文儒最先离开敦煌东返，1945 初冬，李浴离开敦煌东返，首先沿途考察了安西榆林窟，之后东行。在兰州遇到了阎文儒，时阎先生在兰州西北师范大学教授上古史。稍作停留后二人遂结伴东返，目标就是天水麦积山石窟。

　　到达天水后，二人首先拜访熟悉麦积山石窟的冯国瑞先生，了解了麦积山石窟的基本情况。后二人乘坐马车费时两天（在甘泉镇住一宿）到达麦积山石窟，因当时寺院荒僻，僧人将他们安排在附近农家住宿，条件非常简陋，阎先生在后来的描述中说"时山内荒烟蔓草，景色黯然"。

　　因当时西崖栈道不通，阎文儒和李浴考察的主要还是东崖的洞窟，记录了洞窟内容，并且绘制了石窟分布示意图，对保存的碑刻也进行了考察，在麦积山停留的时间为八天。

　　李浴撰写麦积山调查报告，内容有三项：（1）石窟寺创修源流考——说明石窟创建年代及麦积山石窟历史地理环境；（2）石窟内容记略，对部分洞窟内容进行记录；（3）碑记摩崖录识——抄录麦积山各种碑文题记，报告约万字（图 1-10、11）。

　　辜其一先生是四川荣县人，1932 年毕业于中央大学建筑科。新中国成立后，历任四川大学教授，重庆建筑工程学院教育系、建筑系主任。专于中国古代建筑艺术。1951 年，辜其一先生考察了麦积山石窟，之后发表关于麦积山石窟建筑艺术的专论《麦积山石窟及窟檐记略》，内容包括：石窟历史、石窟及佛龛、装饰及妆銮、石造窟廊之制度，这是学者首次对麦积山建筑艺术的专题研究论文，在文中引用了王子云 1943 年拍摄的麦积山石窟照片和测绘图（图 1-12）。

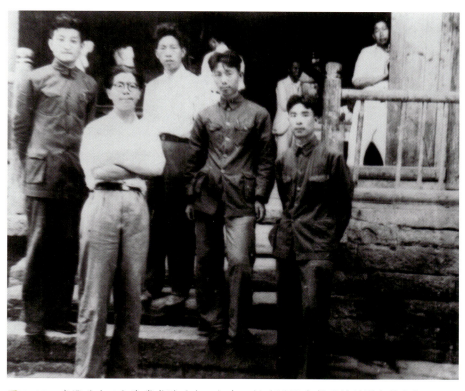

图 1-10　李浴（右二）和常书鸿（左二）在一起（1938 年摄于杭州国立艺专）

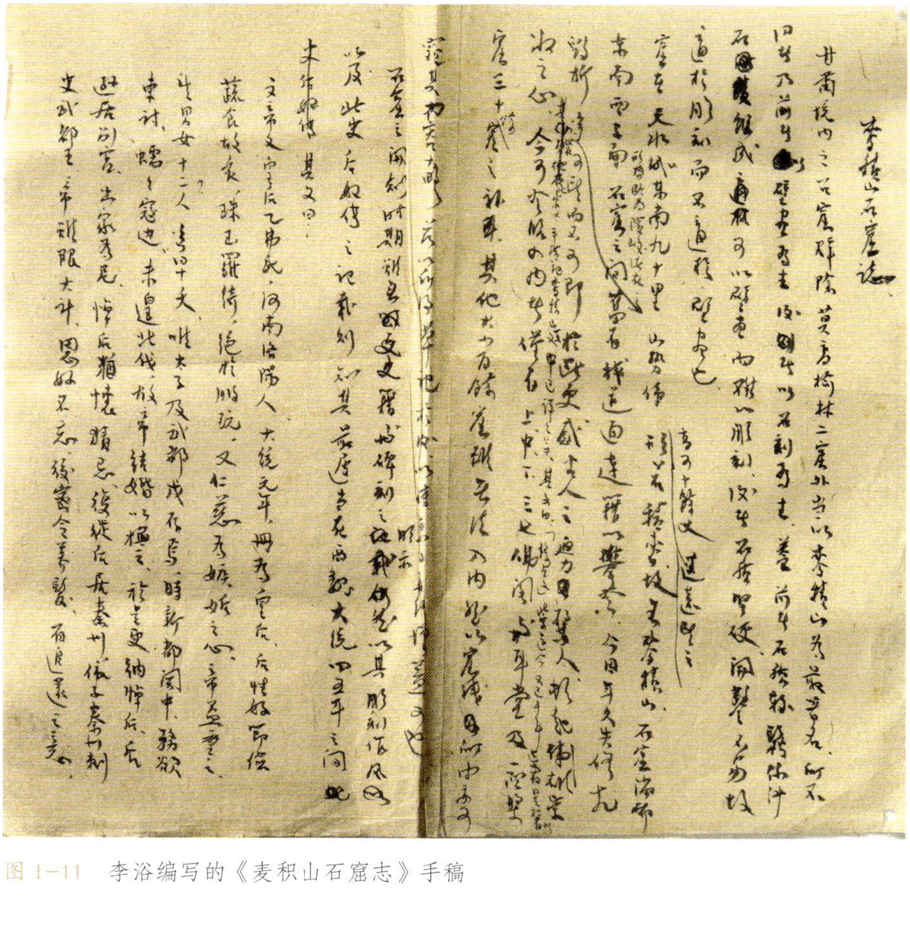

麦积山石窟志

图 1-11　李浴编写的《麦积山石窟志》手稿

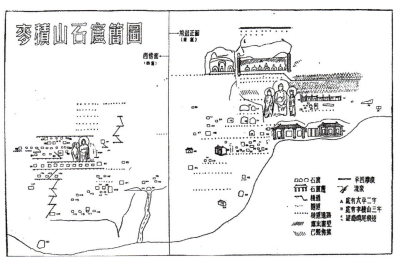

图 1-12　1943 年，王子云绘制的
　　　　麦积山石窟简图

图 1-13　1952 年，常书鸿先生和天水甘泉区政府人员合影

图 1-14　1952 年拍摄的麦积山石窟全景（搭设栈道前）

（四）西北考察团和中央考察团对麦积山石窟考察

　　1952 年，冯国瑞发表了一些炳灵寺石窟的基本情况，在此影响下，9 月中旬，由中央政府文化部组织中央美术学院、西北军政委员会文化部、敦煌文物研究所三单位组成的考察团，对永靖炳灵寺进行了首次勘察。月底返回兰州后，冯国瑞先生建议，利用此次调查的人力对麦积山石窟进行考察。后决定由常书鸿先生带队，参加人员有段文杰、史苇湘、范文藻、王去非、孙儒涧、窦占彪等，冯国瑞先生随队考察，时天水行署文教科配合了此次考察（图 1-13）。

　　勘察队从 10 月中旬开始至 12 月 1 日结束，历时四十余天，对重点洞窟进行摄影、测绘和临摹工作（图 1-14、15、16、17、18）。这是麦积山石窟有组织勘察工作的开始。勘察小组的工作情

图 1-15　1952 年拍摄的麦积山东西两崖面貌（搭设栈道后）

图 1-16　1952 年拍摄的中区 25 窟附近崖面情况

图 1-17　1952 年，史苇湘临摹 154 窟菩萨与比丘

图 1-18　1952 年，段文杰临摹 5 窟飞马与飞天

况汇总为勘察报告，但并没有对外刊发。在当时学术界比较有影响力的《文物参考资料》上发表了《西北文化部完成麦积山石窟勘察工作——发现具有民族风格和高度艺术价值的雕像和壁画》，虽然内容比较简单，但却在当时的学术界引起了较大的反响，也促使中央政府文化部在北京组织相关方面的人员进行下一步的勘察。

常书鸿先生带领的这次考察，是在完成炳灵寺石窟的考察后主动提出对麦积山石窟的考察，当时的交通条件非常不便，正值寒冬，麦积山寺院破败，并常有大型的动物如豹子、野猪出现，威胁着调查人员的安全，地方相关部门派出持枪民兵做保卫工作。全体的勘察队员风餐露宿，不畏风雪，在及其艰苦的条件下完成了麦积山石窟首次有组织的科学考察，积累了大量的资料，是次年中央勘察团工作的前奏。

为了更进一步地了解麦积山石窟的文物以及保存情况，为后期的保护管理提供基础资料，1953年7月初，中央人民政府文化部社会文化事业管理局郑振铎局长亲自组织麦积山石窟勘察团以做进一步的勘察研究。团长：吴作人，团员：王朝闻、常任侠、冯国瑞、李瑞年、罗工柳、邓白、孙宗慰、萧淑芳、戴泽、陆鸿年、吴为、张鸿宾、程新民、张建关等共15人（图1-19）。王朝闻、常任侠、冯国瑞为研究组，罗工柳、李瑞年、孙宗慰、肖淑芳等为绘画摄影组（图1-20、21），张

图 1-19　1953 年，文化部麦积山石窟艺术勘察团留影

图 1-20　1953 年，勘察团成员吴作人、萧淑芳在 165 窟前做记录（李瑞年摄影）

图 1-21　1953 年，勘察团成员罗工柳在 127 窟内临摹壁画

建关、程新民、张鸿宾为翻模测绘组。从 7 月 29 日到 8 月 31 日勘察团在一个多月的工作中，写出《麦积山石窟勘察团工作报告》和《麦积山勘察团工作日记》。勘察团成员的临摹、特写和外景照片、翻模作品及测绘洞窟图纸等研究成果，后于 1954 年均选编入《麦积山石窟》图册刊印。研究者们编录的《麦积山石窟内容总录》共录编 194 个窟龛，相比西北文化部勘察小组新增 37 个窟龛，每个编号洞窟内容均涉及窟形、时代、建筑、造像、壁画、题记诸方面。勘察团的《报告》《日记》及《内容总录》的发表，引起国内外研究我国古代佛教艺术、古代雕塑史和美术史等相关人士的极大关注，并一致肯定了麦积山石窟的重要性，它可与敦煌莫高窟、大同云冈石窟和洛阳龙门石窟三大石窟齐名（图 1-22、23、24、25、26、27）。

图 1-22　1953 年麦积山石窟及瑞应寺外景

图 1-23　吴作人临摹 127 窟战马

图 1-24　吴作人、萧淑芳临摹 127 窟萨埵太子舍身饲虎本生故事图（局部）

图 1-25　配合勘察团调查的木工文得权在修理栈道　　　　图 1-26　戴泽临摹 5 窟踏牛天王

　　勘察团研究成果的公布，将麦积山石窟再次推介给世人，麦积山石窟渐为国内外所关注，引发了国内外学者研究和考察的兴趣，这是麦积山石窟研究得以发展的良好外部环境。后期在五六十年代诸多学者发表麦积山石窟相关的文章都是依据中央勘察团对外发表的成果。雕塑家刘开渠把麦积山石窟誉为"我国历代的一个大雕塑馆"。麦积山石窟能够在 1961 年成为全国第一批文物保护单位也正是诸多前辈多次调查后的成果。

　　从冯国瑞先生考察开始，到 1953 年中央勘察团对麦积山石窟考察，无论是个人的考察还是政府有组织的考察，都是在条件极其艰苦的环境下进行的，寺院破败，给养困难，常有野兽袭扰，困难非今日可以想象。直至 20 世纪 80 年代，乡镇派出所关于野狼袭击村民孩童的通告还赫然在目，民兵傍晚荷枪实弹而行……可想在此三十年前，麦积山石窟的调查环境之凶险，在当时的调查笔记中有虎豹啸于山梁、野猪窜于川地的记载。所以，对于曾经在麦积山石窟早期历史中所做出的卓越贡献的前辈不可忘怀，麦积山石窟的第一把藜火从前辈手中燃亮，照亮了麦积山石窟以后发展道路。

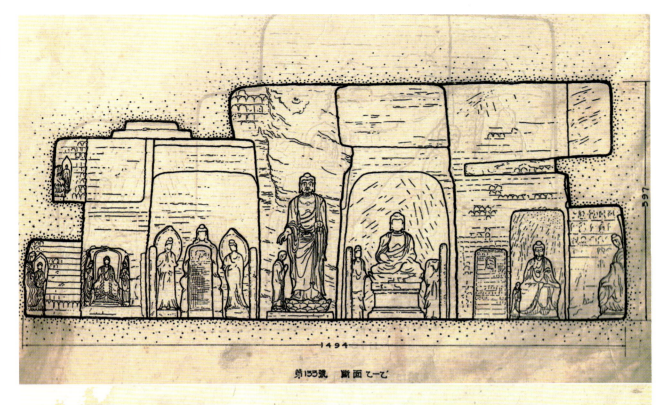

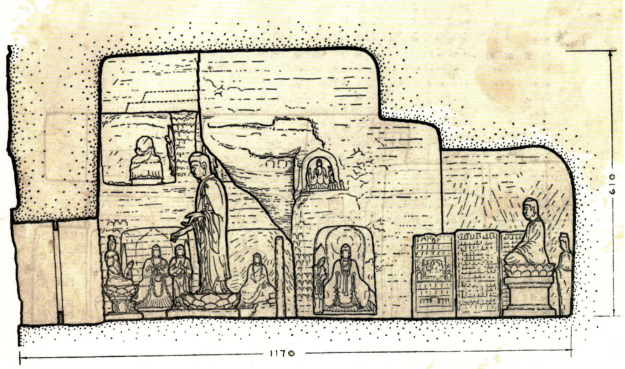

图 1-27 中央勘察团所绘的 133 窟测绘图

二　筚路蓝缕　栉风沐雨

1953 - 1962

在中央勘察团对麦积山石窟勘察之后，天水行署成立了麦积山文物保管所，自此麦积山石窟进入了有效管理时期，初步建立了参观制度，对瑞应寺建筑进行了维修保养，日常性保护工作逐步正规。

（一）成立麦积山文物保管所

麦积山石窟的管理历来都是僧团组织自行管理，至1949年，由于香火败落，宗教活动处在历史上少有的低落时期，仅有一两名僧人在瑞应寺维持简单的宗教活动。

1950年，天水地委行署唐书记来麦积山石窟参观，劝导僧人要看护好文物。说明当时政府人员已经有文物保护意识，认识到麦积山的基本价值，但当时尚没有成立专门的保护机构。

1952年10月，西北考察团考察麦积山，在天水行署文教科的协调下，甘泉镇文化干部王振东、小学教员潘念佑等人进行协助工作。

在1953年中央勘察团考察麦积山石窟前，甘肃省文化局接到国家文化部通知，要求做好勘察团的前期准备工作。7月14日，甘肃省文化局发文天水行署，要求建立专业保管机构，做好配合勘察和长期管理准备。关于麦积山保管所的管理归属等一些具体情况，天水行署和甘肃省文化局在此期间反复行文协商，最终商定由天水行署领导。

图2-1 麦积山文物保管所1956年的工作人员

勘察团到达之前，冯国瑞、何乐夫等配合勘察的当地学者曾向行署建议成立麦积山整修委员会，协助政府整修麦积山并管理其中的具体财务、事务、修建计划等，组成机构有天水行署、天水县、甘泉区公所（镇）相关人员以及相关的本地学者。但是行署考虑委员会由多方面的人员组成，都相距较远，当时的交通、信息交流等方面均存在诸多的困难，人员很难集中在一起讨论整修事务，遂决定不再成立麦积山整修委员会。

为了配合勘察，专门保管机构需要及时成立。关于规模，行署1953年8月27日的文件中确定："拟成立保管所，干部配备除王振东、张自振外，再配备干部一人，工友一人。用支即按指示以文化干部的待遇，由整修费内提出一千万元（旧币，下同）作为薪金及日常管理费用"。其中张自振是甘泉镇群众，热爱麦积山石窟文化，冯国瑞先生在早期考察麦积山石窟时曾给予了多方的协助工作，后西北文化部考察和中央勘察团勘察时均积极协助。

中央勘察团考察完成后，和天水行署进行了座谈，均赞同立即成立麦积山文物保管所（图2-1），并对具体的人员待遇等进行了确定并报省文化局："人事问题上同意王振东为麦积山保管所所长，工资分为150分。董晴野专搞文化，工资分为135分，张自振搞事务，工资分为125分。通讯员我们另选适当人，暂由僧人朱普净办理，津贴50分。"

1953年10月初，麦积山文物保管所的印章正式由天水行署刊刻并将印样报省文化局备案（图2-2），标志着麦积山石窟文物保管所正式成立。归属于天水行署文教科管理。

图2-2a　1953年文物保管所长方形印章

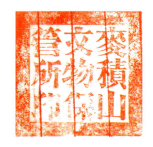

图2-2b　1953年文物保管所方形印章

（二）建所初期的重要工作

1. 栈道整修工程

麦积山石窟的栈道原本均为木质结构，在自然状态下容易侵蚀破坏。新中国成立之前，香火败落，无力经常性维护，栈道断绝，多数洞窟无法通达，一些能到达的栈道也极其危险。

1952年10月，西北考察团来麦积山考察时，甘肃省文化局曾配合调查拨付资金对栈道进行过整修。从历史图片看，此次修整的栈道的规模比较大，原本无法登临的西崖从底层一直修建到了最高层的127窟位置，共有12层。

1953年8月，中央勘察团勘察麦积山前，甘肃省文化局为了配合勘察，拨付了资金一亿五千万对石窟栈道等进行整修，资金分两次拨付天水行署，首次拨一亿元，第二次拨五千万元。

整修仍然是曾经配合冯国瑞调查的本地木匠文得权带领的15位木匠，整修期间最大的困难是木料，由于天水县购买不到大量干燥的木料，工程推进较慢，但是在中央勘察团到达麦积山石窟时，东西崖的栈道都基本修通，最高位置都可以到达，从当时行署报送省文化局的文件中可以看出："西部十二叠架（即十二层迂回栈道）在去年整修的基础上进行整修，现在只剩最高的一层（有临时的木梯可以登上，但很危险）。"这些整修工作，为勘察打下了良好的基础。所以在 8 月 12 日团长吴作人给行署的书信中对栈道部分只是提出了"补修中七佛阁残破的七间屋顶，以免水漏，保护其中的文物"。说明当时栈道是不影响勘察工作进行。

但是，东西两崖之间的栈道已经完全败绝，山崖崩塌，原来的栈道孔都已完全不存在，在这种情况下架设栈道首先要重新打凿桩孔，工程量极大，当时估计工程量需要几个月。经商议后，遂决定此次"不必整修，俟诸将来"。

勘察期间的栈道毕竟是为了勘察工作而应急性质的工程，对于长期的石窟管理来说还是有很大不足，特别是一些重要部位，即使有栈道也需要经常性维护。1955 年下半年，文管所申请资金开展了中七佛阁（9 窟）、千佛廊（3 窟）等位置栈道的整修工作。主要对这两个位置的破损位置进行了整修，因为木料多从山中采购，和天水城区采购存有差价，节约了两百多元，便根据上级依据天水行署"有一分力量必须放在保护珍贵文物工作上面"的精神，利用结余资金对瑞应寺院内的三个宋、明时期的碑刻建造了简单的保护措施。

2. 整修瑞应寺大殿、天王殿和双玉兰堂大殿

瑞应寺和麦积山石窟附属的寺院建筑群，整体布局保存完好。有山门、天王殿、钟鼓楼，东西配殿、大雄宝殿等，以及 1946 年 10 月修建的麦积山馆。

在勘察团结束麦积山石窟的工作后，麦积山文物保管所按照原来的计划对瑞应寺大殿进行了保护修缮，此次修缮的规模较小，主要是对房顶渗漏进行处理，同时因大殿东西地面高于大殿室内地面，地面雨水等对室内造成了影响，按照吴作人的建议对周边排水进行了处理，修建了简单的排水设施。

甘泉镇有一寺院,因院内有两棵古老的玉兰树,冯国瑞先生请齐白石题写了"双玉兰堂"的题额，故此寺院也称为双玉兰堂，归甘泉镇政府管理。在当时交通条件下，从天水市出发到麦积山，无法当天到达，甘泉是游人或其他参观学者来往麦积山石窟一个必经的中转站。天水行署计划把玉兰堂也同步进行维修，除了接待麦积山的参观学者，也可以"作为一个群众阅览室，内部除一般的书报外，并配备关于麦积山文物的图书、画刊及其他资料"，该项工程于 1953 年 12 月 20 日完工。

1954 年 9 月，麦积山文物保管所报文天水行署，拟修整瑞应寺天王殿，因资金缺乏，10 月，行署报文省文化局和财政厅："我区名胜古迹麦积山之瑞应院天王殿上盖多已损坏，将有倒塌之危险，其内造像甚为精致，而多为明代杰作，艺术价值极高，若不整修房盖，倒塌损坏实为可惜，因此有修理之必要，但该项修建预算数目较大，我署原分配之修建费均已分拨，从其他款项中亦无法调剂解决，特此将原预算随文报呈请予追加资金，以便整修。"立项获得批准，对天王殿进行了修缮，主体并未落架，只是对屋顶部分进行了维修。

3. 建立文物库房

由于历代疏于管理,麦积山洞窟内大量造像都脱落在地面上,散乱放置在洞窟内,很不利于管理。在勘察团工作期间，将这些文物进行统一登记、编号，并在瑞应寺院里专门开辟了两间文物库房来

存放这些文物，这些文物登记清单也随后移交麦积山文物保管所。

4. 初步建立游客参观制度

当时栈道破败，很多位置都可以登临上山，出于对文物安全和游客安全考虑，对东西崖等位置栈道入口进行了简单修建，设置了围墙、门栏等，防止香客无序上山参观。对来参观的香客进行引导教育，防止题写、刻划等破坏文物的行为。

5. 配合省文化局对周边文物进行调查

1955 年 8 月，省文化局派遣岳邦湖、孙荣廷等同志调查麦积山附近的仙人崖、石门等处文物资源。麦积山文物保管所所长王振东配合了此次调查，并给天水县人民委员会及甘泉区政府报送考察报告，在报告中除了对两处石窟文物的历史、价值、数量、种类情况做出调查外，在没有建立专门的文物保护单位的情况下，协调附近单位或村民加强对文物的保管和维护。另外还对石门区域内砍伐树木的情况表示担忧，"希望当地群众能够热爱此一片好的风景古迹区，多加保护，更希望当地政府及林业局方面能够更好地组织群众，对树木加强保护"。

6. 划定麦积山石窟保护范围

1961 年 3 月 4 日，国务院公布第一批全国重点文物保护单位，麦积山石窟名列其中。当时以甘肃省人民委员会的名义建立两处保护标志。一处位于石窟脚下，一处位于山下道路旁边（图 2-3）。

为了加强文物保护单位的管理，甘肃省人民委员会于 1962 年 2 月 10 日向文化部报送甘肃省第一批全国文物保护单位的保护范围，文化部 3 月 23 日《（62）文物齐字第 357 号文件》批复同意，遂下达各单位，要求依照国务院发布的《文物保护管理暂行条例》第五条至第十二条的各项规定认真贯彻执行。其中麦积山石窟的保护范围是：内圈，东至后崖沟（约 500 米），西至上河沟（约 500 米），南至小沟门（约 700 米），北至小献山（约 500 米）。外圈东至天池坪——三扇崖（约 2500 米），西至四坡梁——豆积山——油笼山（约 2500 米），南至香积山，北至四沟河——大河村（约 2500 米）（图 2-4）。并确定"内圈为重点保护范围，为绝对安全区域""外圈为一般保护区"，明确规定保护区内要严格保护景区植被和地形地貌，维

图 2-3　1961 年立的保护标志碑

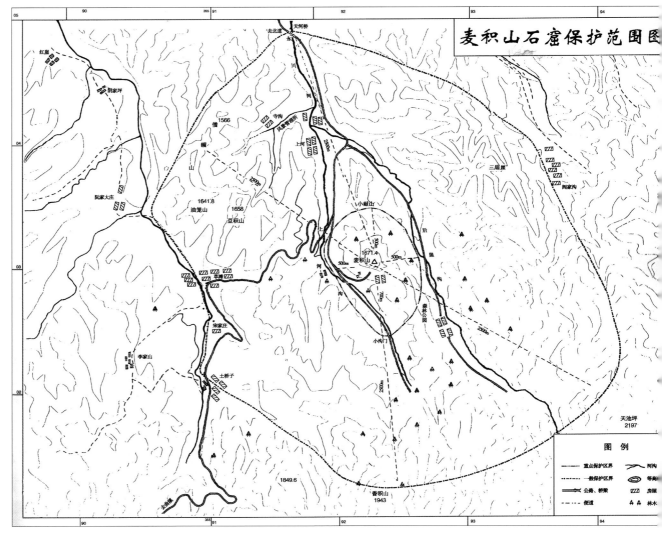

图 2-4　1961 年划定的麦积山石窟保护范围

护自然生态。

7. 接待来访学者和其他参观者

1953 年冬，西北艺术专科学校陈启南等三人到麦积山石窟进行考察，并且翻制了部分的造像，包括石雕和泥塑，翻制品目前保存在西安美术学院博物馆。

1956 年 10 月底，日本友人名取洋之助应邀来华参加纪念鲁迅逝世二十周年活动后考察麦积山，几乎拍摄了全部能到达洞窟的雕塑作品，后与日本美术史专家町田甲一合作著文，由岩波书店出版图文并茂日文本《麦积山石窟》一书。1956 年日本《每日新闻》报道麦积山新闻，同年，日中友好协会主持召开了麦积山石窟等照片展览。町田氏还发表《论麦积山石窟的北魏佛像》一文。将麦积山石窟正式地推向了海外（图 2-5、6、7、8）。

洪毅然先生是西北师范大学的美学老师（图 2-9），1957 年春率学生到麦积山石窟考察学习，对麦积山史籍中记录"寂陵"很感兴趣，遂与麦积山保管所同志对能通达的洞窟逐一勘察，对 43

图 2-5　1956 年，名取洋之助拍摄的麦积山石窟外景

图 2-6　1956 年，名取洋之助拍摄的 4 窟景象

图 2-7　1956 年，名取洋之助拍摄的 3 窟景象

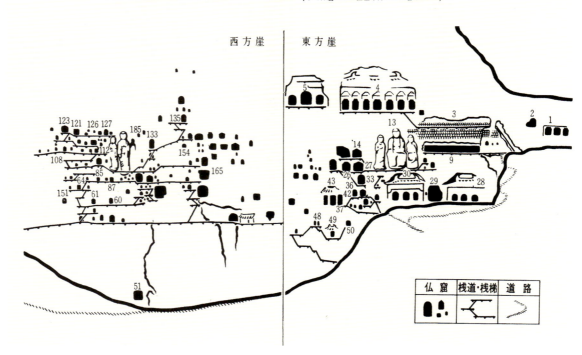

図 2-8　1956 年，名取洋之助绘制的麦积山洞窟分布图

窟后壁洞室进行详细勘察、测绘和照相，并对地面部分清理，经研究最终确认其即为史载之西魏文皇后乙弗氏"寂陵"之墓室，进而认定 43 号崖阁为"寂陵"遗存。此文是麦积山石窟研究中最早关于洞窟个案研究的文章。

苏立文（Michael Sullivan），1916 年生于加拿大，1958 年通过印度驻中国大使潘尼迦（Sardar K. Panikkar）联络以及在国务院总理周恩来的协调下，来麦积山石窟考察，同来摄影家 Dominique Darbois 来自印度德里大学，还有伦敦大学一名教学助手，当时拍摄了九百多张照片。1969 年在英国出版《麦积山石窟》一书，

图 2-9　洪毅然先生（摄于 1964 年）

图 2-10　1958 年拍摄的麦积山石窟彩色外景

图 2-11　1958 年西崖面貌

图 2-12　1962 年，阎文儒到麦积
　　　　　山石窟考察合影

该书中发表了大量的图片以及长篇的介绍文章，西方的学者和民众得以了解麦积山石窟（图 2-10、11）。

1962 年 11 月，为了编辑《佛教百科全书》，阎文儒先生再次考察麦积山石窟。这次活动由中国佛教协会支持。在甘肃石窟的考察中，甘肃省博物馆董玉祥、张宝玺和敦煌文物研究所的刘玉泉、祁铎等参加，并分别协助进行了临摹、摄影及窟龛记录工作。对麦积山石窟能到达的洞窟进行了全面考察，时间为十余天（2-12）。限于当时条件未能单独出版发行。后阎先生整理的文字资料集中发表于 1984 年甘肃人民出版社出版的《麦积山石窟》一书。

8. 其他方面工作

修建职工宿舍：当时寺院极其破败，为了改善职工的住宿条件，在麦积山馆的下方位置修建了六间职工宿舍（台地上下各三间），砖柱加土坯结构。宿舍一直到 2000 年修缮瑞应寺时候才拆除。

请郭沫若题字：1962 年 8 月，麦积山文管所给时任中国科学院院长、人大常务委员会副委员长郭沫若去信，请求题写天水麦积山文物保管所挂牌。郭沫若接信后及时题写了"天水麦积山文物保管所"（图 2-13），后制作牌匾，悬挂于瑞应寺山门前。

积极管护周边的风景林木：由于历史原因，秦安等干旱山区的居民较多地向麦积山附近迁移，人口增多，为了开垦土地，林木被不断地砍伐，麦积山附近的林木在 20 世纪 50 年代之前已经被砍伐殆尽，处处是光秃秃的山岭，连石窟附近的树木也所剩无几。文管所成立之后，加强了对周边环境的管护，教育附近村民认识到环境保护的重要性，并有意识地栽种一些树木，逐步培育石窟周边环境。

从 1953 年建所到 1962 年，这十年是麦积山石窟管理的起步时期，也是工作和生活条件最艰苦的时期，只有四名工作人员，要担负繁重的石窟管理、栈道修缮、寺院维修等任务。当时最困难的是饮食蔬菜保障，距离能够采购生活用品的甘泉镇有十五公里，完全需要步行，蔬菜等小件物品可以自行往返，但是粮食等其他比较重的物品就需要雇用骡马等牲口运输，往返一趟十分困难。当时没有良好的蔬菜存储条件，每两三天就需要往返甘泉镇一次，所以这个时期的生活是十分清苦的。但是在条件如此简陋的情况下，麦积山人仍然完成了许多工作，为后期的工作打下了良好基础。

图 2-13　郭沫若题写"天水麦积山文物保管所"

三　荆棘载途 砥砺前行

1962 · 1972

1963年初，麦积山文物保管所归属于甘肃省文化局直接管理，同时配备专业人员，也得到了国家文物局的直接支持，麦积山石窟的管理进入到了科学化、专业化的时期。

（一）管理体制转变

1961年3月4日，国务院发布《文物保护暂行条例》，正式规定全国重点文物保护单位、省（自治区、直辖市）级文物保护单位、县（市）级文物保护单位三级保护管理体制。同日，国务院公布第一批全国重点文物保护单位，麦积山石窟名列其中。

麦积山文物保管所的管理归属，最初归属于天水行署文教科，人员任命、资金拨付、日常管理等方面都是天水地区政府执行。在成为第一批国家文物保护单位之后，新的工作需求和管理产生的矛盾日渐突出。原来的管理体制出现一些不适应性。同时，省委也提出了进一步加强麦积山文物保管工作的指示精神。甘肃省文化局、天水专员公署、天水县人民委员会，抽派干部冯毓清、成炳中、颉培祖同志，组成工作组对麦积山石窟的管理体制、人员、资产等方面进行全面的调查。

调查自1962年12月12日至20日，共9天时间。调查后提交了《关于麦积山文物保管所管理体制，干部调整及今后一个时期工作任务的安排报告》，报告中主要提出了以下几个方面的问题：

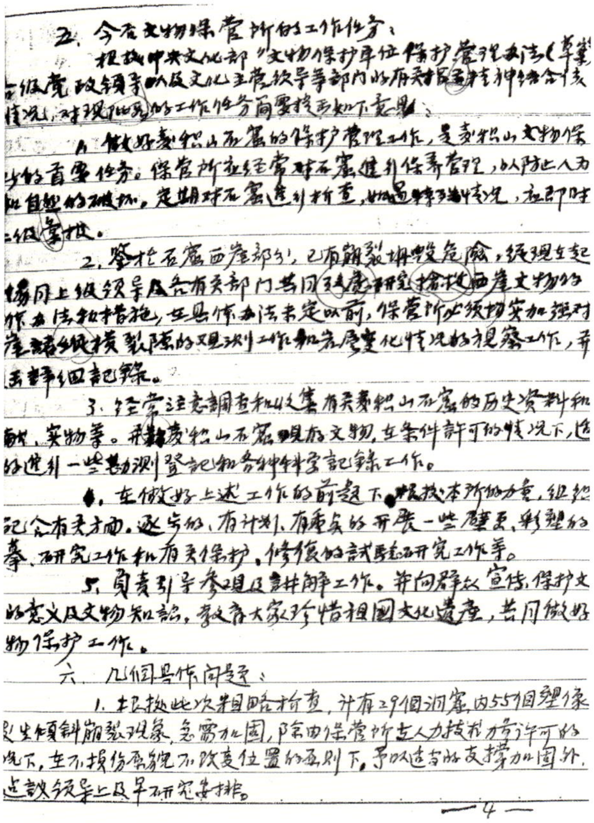

1. 管理体制

考虑到今后文物事业的发展，根据领导的指示，决定从1963年起仍收回由省上管理，为便于更有效地加强该所工作，同时实行双重领导，一方面受省文化局直接领导，同时受所在地的天水专员公署的领导和监督。

2. 工作任务

根据《中央文化部文物保护单位保护管理办法（草案）》各级党政领导以及文化主管领导等部门的有关指示精神结合该所情况，对批复的工作任务简要提出如下意见（图3-1）：

（1）做好麦积山石窟保护管理工作，是麦积山文物保护的首要任务，保管所应经常对石窟进行保养管护，防止人为和自然破坏，定期对石窟进行检查，如遇特殊情况，应及时向上级汇报。

（2）鉴于石窟西崖部分，已有崩裂塌毁危险，从现在起协同上级领导和有关部门共同考虑研

图3-1　1962年甘肃省文化局调查文稿

图 3-2　1963 年 6 月，王冶秋到麦积山考察

究抢救西崖文物的具体办法和措施，在具体办法未定以前，保管所必须切实加强对西崖诸纵横裂隙的观测工作和岩层变化情况视察工作，并做出详细记录。

（3）经常注意调查和收集有关麦积山石窟的历史资料文献、实物等，并把麦积山现存文物，在条件许可的情况下，适当进行一些勘测登记和科学记录工作。

（4）在做好上述工作的前提下，根据本所的力量，组织和配合有关方面，逐步有计划有重点地开展一些壁画、彩塑的临摹研究工作和有关保护、修复的试验研究工作等。

（5）负责引导参观及讲解工作，并向群众宣传保护文物的意义及文物知识，教育大家珍惜祖国文化遗产，共同做好文物保护工作。

除了以上大的工作方向外，还开列了如山体危岩监测、洞窟文物维修等一些具体工作。

报告上报后，得到了甘肃省文化局的认可并随后执行。1963 年初，麦积山文物保管所正式归属为甘肃省文化局管理，省文化局从敦煌文物研究所调张学荣、何静珍二人到麦积山加强业务工作，张学荣任所长。

由于管理体制的变化，得到了上级部门更多更直接的支持，麦积山文物保管所在这个时期业务方面有了较大的变化和提高。1963 年 6 月，国家文物局局长王冶秋考察麦积山石窟，因暴雨导致道路塌方在麦积山小住数日，对石窟现状以及管理工作有全面的了解，时距离张学荣上任仅半年时间，单位面貌已经大为改观，故王冶秋对麦积山石窟的工作给予了充分的肯定（图 3-2）。

（二）麦积山石窟第一次建档工作

在管理体制变更之后，对麦积山石窟文物的建档工作就被提上日程，该项工作由甘肃省文化局指导。

甘肃省文化局拨款购买一架120双镜头反光照相机用于建档工作，当时的条件极为简陋，在没有电源的情况下，工作人员采用镜子、锡纸板等材料多次反光，将窟外的光线反射到洞窟内部进行拍摄工作。至1969年，共拍摄照片四千多幅。一些图片先后在各类报刊发表，引起了外界对麦积山石窟的关注。

洞窟测绘图也是档案重要组成部分，同样是在极为简单的条件下，采用方格纸、线绳等基本工具，按照考古学的方法和原则完成了部分洞窟测绘图，包括平面图、剖面图等。这些图纸后来配合文字在相关学术刊物上发表，使学者能直观了解洞窟形制、造像配置等信息。

由于当时所内工作人员有限，省文化局派遣张宝玺、董玉祥等（图3-3）到麦积山石窟协助进行文字记录工作，对能到达的洞窟进行塑像、壁画、题记等方面的记录工作。

图3-3 张宝玺（左）和董玉祥（右）在做调查

（三）文物环境监测工作

1963年6月初，国家文物局局长王冶秋考察麦积山石窟，对麦积山石窟的基本情况进行实地勘察，认为山体的稳定性是最紧迫的问题。回京后，就立即协调相关单位的技术人员对麦积山石窟进行考察。次年三月，祁英涛、黄克忠等技术人员到麦积山石窟进行文物保护和地质方面的勘察，后黄克忠指出要对石窟所处的环境如气象、渗水、洞窟温湿度变化等进行连续观测，在这种背景下麦积山石窟文物保管所开始文物环境的观测工作。

1964年，麦积山文管所上报省文化局批准，确定在麦积山西崖下建立气象站，并购置一些小型观测设备，如日照仪、地温表、气温表等，同时对洞窟内部环境也开始记录。1971年，增加了风向、风速、降水等监测项目。在洞窟内部环境观测是在东西崖洞窟群中各选择两个洞窟作为观测点，放置温度计和毛发式温度计，每天两次对洞窟内部的环境进行记录。

除此之外，还对山体渗水情况进行了观测记录。当时选择了 57 窟渗水点为观测点，对每天的渗水量、水的渗洇面积、水线长度等进行观测，积累了大量的数据，为麦积山石窟加固工程提供了科学依据。

（四）架通未通栈道和翻修已通栈道

中央勘察团考察麦积山石窟时，由于时间短，材料等方面采购困难，仅仅对东西崖的栈道进行了修建，达到了基本可以通行的程度，中区的栈道很多位置没有架通，即使已经架通的栈道，也存在很多不足，无法达到长期管理的牢固性、稳定性、安全性等目的。在这种情况下，出于对全部洞窟的管理和参观者安全考虑，对未架通的栈道进行了架通，对已经架通的栈道重新进行了翻新维护。1964 年后，国家文物局每年拨款两万元作为业务经费，这些费用初期大部分用于栈道的维修。

中区的栈道架设是最困难的，栈道孔都要重新打凿，密布的危岩成为最大的障碍。当时的工匠克服了重重的困难，逐步向前推进。为了确保安全，栈道孔的深度扩大到了 50～60 厘米。至 1966 年，麦积山石窟最危险的东西崖之间的连接栈道——5 窟至 135 窟之间的栈道架通，大部分洞窟都可以到达。同时在 135 窟上方位置，在降雨季节雨水会顺着崖面下流，逐渐侵蚀到洞窟位置，对洞窟内的文物造成很大的威胁。所以在修建天桥栈道的同时，在栈道上方搭设了 70 米长的防护遮檐，防止雨水下流侵蚀洞窟；在西崖窟群上方也同样修建了遮檐，对西崖大佛、127、120、123、126 窟等重要洞窟进行了遮护（图 3-4）。

图 3-4　西崖旧栈道（可见 20 世纪 60 年代的加固工程的披檐）

　　1966 年后半年，由于各种政治运动影响，所内各项业务工作全面停止。1972 年，国家文物局将麦积山石窟加固工程作为重点文物保护工程立项，甘肃省成立了麦积山加固工程办公室，文管所继续对未完成的栈道进行修整，完成了 74、78、165 窟等窟龛栈道，至此时全部窟龛都已经架通了栈道。

（五）整顿环境、安装防护门窗

　　麦积山石窟的洞窟都是敞口洞窟，没有门窗；同时由于麦积山周边的自然环境比较好，各种鸟类、动物、昆虫等隐于其中，生物环境非常丰富，而洞窟成为了各种动物良好的栖息场所，在洞窟内筑巢、排便等，对洞窟环境造成了很大破坏。1953 年勘察团对洞窟内的鸟粪堆积描述为"深可没胫"，部分洞窟远甚于此，对泥塑文物的保护造成了严重影响。

　　为了改变这种面貌，文管所组织人力，逐窟进行清理工作，将积累多年的动物粪便以及其他杂物清理干净。之后，为了彻底防止小型动物进入窟内破坏文物，也为了防止无关人员随意进入洞窟内部，遂对所有的洞窟安装了木质门窗，做到了有效的管理。当时安装的门窗共计 130 副。至此结束了全部洞窟露天开放、游客自由参观、动物随意进出的局面，真正意义上做到了对麦积山石窟洞窟文物的有效管理。

图 3—5　9 窟塑像被支顶情况

（六）对濒危塑像、壁画采取应急措施

　　1962 年联合调查组对麦积山石窟进行调查时，对文物的保存情况也进行了调查："根据此次粗略检查，计有 29 个洞窟内 55 身塑像发生倾斜崩裂现象，急需加固，保管所在人力技术力量许可的情况下，在不损伤原貌不改变位置的原则下，予以适当支撑加固外，建议上级领导早做研究安排"。据调查，这些发生倾斜崩裂的 55 身造像都是属于大型的立像，分布在 28、30、43、4、5、133 窟等窟中，这些造像都是属于泥质木骨的基本结构，当木骨逐渐松动后就会产生前倾现象，如果任由其发展，就会产生木骨折断、塑像倒塌的完全性破坏，所以将这些造像扶正也是当务之急。

　　修复这些数量巨大的大型立像，在当时技术以及人力条件下都很困难，没有办法在短期内根本上解决问题。遂采取了临时性支顶措施，采用粗细适当的圆木支顶在塑像的胸、腹等重心位置，保持基本稳定性，不会在自然力或人为的破坏下倒塌损毁，为后期的修复奠定基础（图3-5）。

　　133 窟的碑刻中，有几块断裂为数段，其中 10 号碑断为两段，可完整拼接。为了使这些碑刻保存完整的状态，1966 年，请技术工人依照敦煌莫高窟的做法将碑刻粘接在一起，采取的具体技术是拼接对位——相应位置打锚杆——环氧树脂粘结等技术流程，使这些碑刻完整地呈现在观众面前（图3-6）。

　　瑞应寺院中原有散乱的多通碑刻，其中有南宋时期的《四川置制使司给田公据》碑，是研究麦积山石窟历史的重要文物资料，另有明清时期的碑刻。为了妥善保管这些碑刻，1965年将这些碑刻都安置在大殿、天王殿东西厢房的山墙上，使这些碑刻避免了风吹雨淋，完整保存至今。

图 3-6　133 窟 10 号造像碑

（七）建立图书资料室

1963 年 6 月，王冶秋局长在麦积山考察，为了支持麦积山石窟的学术研究工作，返回北京后，将国家文物局所藏的清版《二十四史》及《历代职官表》《陇右金石录》等二千多册书籍赠给麦积山，建立起麦积山石窟图书资料室的基本馆藏。从 1964 年开始，国家文物局每年拨付 5000 元的资料购置经费，陆续在北京、上海等地古籍书店采购了有关图书万余册，其中包括《大藏经》《册府元龟》《法苑珠林》等石窟考古研究的基本书籍。这些图书为麦积山后期考古及历史学研究奠定了丰富的资料基础。

在 20 世纪 60 年代，还没有配备复印机等设备，为了积累资料和学习，业务人员四处收集有关麦积山石窟的资料，对当时公开发表的和没有发表的资料、文章等全面收集，并聘请人员采用刻印的方法积累资料，业务人员人手一册，采用这种方法将图书资料最大程度地运用，提高所内人员的业务水平。

（八）瑞应寺清理和修缮工作

瑞应寺虽然在 1953、1954 年等分别进行了两次维修，但均属于小规模临时性维修。从 1962

图 3-7　1972 年，傅熹年先生在麦积山调查时绘麦积山全景图

年联合工作组对麦积山石窟的资产调查报告中可以看出，该建筑仍有多处的屋面漏雨等病害，威胁着建筑本体及其内部塑像和壁画的安全保存。为了从根本上改变瑞应寺面貌，保护好其中的文物，文管所组织职工和工人对瑞应寺的建筑进行了较大范围的整修，对存在雨水渗漏房屋统一进行了修缮，改变了破败荒凉的局面。

（九）开展考古研究

相对于国内其他知名石窟，麦积山石窟对外公布的资料很少，在当时的交通条件下，专业研究的学者很难来麦积山石窟考察，给麦积山石窟的相关研究造成了一定的阻碍。

为了让更多的人认识和了解到麦积山石窟，1972 年西崖靠下位置的栈道全部修通以后，张学荣逐步整理资料，对这个区域洞窟进行调查，从文字记录、测绘图、照片等整体整理。后《麦积山石窟新通洞窟》文稿在 1972 年《文物》第 12 期上发表，这个区域分布着麦积山石窟最早的洞窟，如 74、78、165、90、148 窟等，对麦积山石窟的开创年代等都有重要的价值。这是麦积山石窟文管所人员发表的第一篇学术论文，是为麦积山石窟考古研究的发轫之作，有标志性意义。

74 窟和 78 窟是麦积山石窟现存最早的洞窟，1972 年 7 月，为了做好麦积山石窟维修加固工作，原国家文物局派文物保护研究所高级工程师祁英涛、姜怀英等同志到麦积山，进行勘察设计工作。为了进一步弄清麦积石窟的创建时间，经国家文物局同意，对麦积山 78 窟佛坛下面的重层壁画及 127 窟和 32 窟正壁主龛的石刻佛像等进行剥离和搬移考察。参加这一工作的人员，除了祁英涛、姜怀英外，还有麦积山文物保管所的张学荣、何静珍、县瑄、冯仲年等同志，木工师傅有文得权和孙恒珍，除了制作了相应的壁画揭取板以及其他支护工具设施外，在剥取前，根据两位高级工程师的设计要求，还做了必要的记录工作（图 3-7）。

（十）其他方面的工作

1. 文物征集

当时，麦积山石窟文物管理所是天水市境内唯一的一个文物管理机构（天水市博物馆成立于1979 年），征集相关文物也是文物管理所职能之一，目前文物库房中的一部分文物就是当时收集的，包括陶器、钱币、书画、青铜器等，其中不乏文物精品，对我们了解麦积山周边区域的历史、文化等提供了可靠的研究佐证。

2. "文革"期间的保护工作

"文革"期间，在当时的社会背景之下，各地各类文物都遭到了不同程度的破坏，麦积山石窟的保护形势也极为严峻。

在"破四旧"风潮影响下，各路红卫兵时常拥至麦积山。此时麦积山石窟已是第一批全国文物

图 3-8 瑞应寺大殿壁画局部

保护单位。面对红卫兵，所长张学荣手持 1961 年 3 月 4 日国务院颁布《文物保护暂行条例》劝导年轻人，阻挡即将面临的破坏。1967 年夏，国务院周恩来总理签发了《关于敦煌莫高窟等第一批国家级文物保护单位在"文革"期间一律停止对外开放，任何人不得冲击破坏，确有问题的待后期清理》的文件，这也就成为保护麦积山石窟的有力武器。

瑞应寺大殿内两侧山墙上有明清时期的壁画，内容是十方佛、五百罗汉等内容，具有较高的文物价值。为了保护这些精美的壁画，1967 年，组织附近群众在壁画表面粘贴了白纸，把整个壁画全部掩盖起来，使珍贵的壁画完整保存了下来（图 3-8）。

除了麦积山本身的文物，天水周边地区的各类文物特别是佛教文物也遭到破坏。而麦积山文物保管所是当时天水地区唯一有能力保护这些文物的单位。所以附近的仙人崖石窟以及石佛乡等都请求将重要佛教文物移送到麦积山石窟保存，对此所领导都是一口应允，顶着压力把这些文物保存在麦积山。"文革"结束后均归还原处。

3. 协助炳灵寺、药王山做洞窟测绘工作

20 世纪六七十年代，文物保护方面的专业人才很少，洞窟测绘在甘肃省文物单位中仅有敦煌的孙儒僴和麦积山的何静珍两位先生。因此，他们多次到其他石窟单位帮助测绘。

炳灵寺石窟是靠近黄河岸边一个石窟，1958 年开工建设刘家峡水电站，1968 年 10 月开始蓄水。炳灵寺的部分洞窟将淹没在水位线以下。为了抢救保护石窟文物，1967 年初，甘肃省文化局协调抽调孙儒僴和何静珍等到炳灵寺石窟进行测绘，为后期搬迁提供依据。3 月中旬在炳灵寺石窟开始测绘，条件依然是非常简陋，高层洞窟只能依靠蜈蚣梯等进行攀登，何静珍等每天多次在惊险的蜈蚣梯上多次上下，顺利地完成了测绘任务，为后期的文物搬迁、修复等提供了可靠的依据。

1984 年 6 月，应陕西省考古所邀请，张学荣、何静珍到陕西耀县药王山石窟进行测绘工作，利用大平板、小平板等技术对石窟地貌、总平面，单个洞窟平、立、剖面等进行测绘。该项工作持续了一个多月，后测绘图等在相关刊物上发表。

4. 修建房屋

文物管理所各方面工作的开展，需要大量的劳务人员，如栈道翻修、寺院维修、洞窟环境清理等。但是因为这些工作是常年开展的，这些人员的居住都距离石窟有比较远的距离，每天来回奔波要耗费大量的时间，为了给这些人员提供更好的食宿条件，更好地开展栈道以及寺院的修建工作，1965 年，利用寺院西厢房的后坡位置加盖了 9 间住房，这些住房作为管理用房在后期的管理中起到了重要作用，一直到 2000 年的瑞应寺建筑修缮时才拆除。

从 1962 年底开始，由于归属于甘肃省文化局直接领导，同时甘肃省文化局派遣了专业领导和业务人员，麦积山石窟进入了专业管理时期，麦积山人在条件极为简陋的情况下做了大量卓有成效的工作，为后来的工作奠定了坚实的基础。特别是麦积山石窟加固工程前期调研工作的全面开展，为工程提供了大量基础性资料。

四 工程发轫 奋创伟绩

1972·1984

天水位于地震带上，地震给麦积山石窟带来巨大的破坏，山岩破损，洞窟岌岌可危。1953年中央勘察团的报告中，就提出了对山崖进行加固。从1964年开始，国家文物局连续派出技术人员调查石窟并提出加固方案，1972年麦积山加固工程正式在国家文物局立项，从此后至1984年加固工程结束，进入麦积山石窟加固工程时期。

加固工程无疑是一个非常宏大的工程，并且也是需要持续数年的工程，从1972年工程方案正式提出，到1984年工程结束，历时13年。迄今为止，仍然是全国文物保护工程中历时最长的工程项目。如此大规模的工程，对于一个只有几个人的单位而言，所承担的各种工作任务就可想而知了！但正是在任务如此繁重的情况下，配合各个方面顺利完成了前期以及工程期间的各种工作任务，功绩将铭记于史册！

图4-1 加固工程前建设的蓄水池

图4-2 加固工程前建设的发电站旧址

（一）工程前期的准备工作

1972年6月，国家文物局对麦积山石窟加固方案正式提出，甘肃省政府成立了麦积山石窟加固办公室，办公室设在甘肃省文化局，各项工作按步骤展开。

1. 工程前的"三通一平"及房屋建设工作

大型工程首先面对的就是"三通一平"工作，既通电、通路、通水、场地平整，当时的麦积山完全不符合这些工程要求。

当时麦积山石窟的水源仅仅能满足工作人员的基本生活，不能满足大型工程的需要。文管所聘请相关单位技术人员对石窟周边地形、水源等进行了勘察，从石窟另一侧山谷位置（现植物园）利用地形高差修筑水坝，长距离埋管道引水，引水距离约3千米。时至今日，麦积山石窟使用的水源仍然是这条水路供给（图4-1）。在架设水路的同时，还在适当位置利用水流压力安置了一台小型发电机（图4-2），但是只能满足职工宿舍的简单照明，后来为了配合工程前期实验，采用大型发电机发电。

当时高压电仅仅通到甘泉镇，距离麦积山

图 4-3　加固工程前建设的文物库房

石窟尚有 15 公里的路程，在当时资金紧张、材料匮乏的情况下，工作人员多次往返兰州、西安等地购买材料，协调电力部门，甚至得到了省政府的直接支持，终于在 1976 年架通了甘泉至麦积山石窟的高压线，为工程奠定了基础条件。

当时从贾家河到麦积山 5 公里道路由麦积大队负责维护管理，黄土路面在雨季常会被冲毁断绝。后公路的维护职责移交到公路部门，并将路面适当加宽，铺筑沥青路面，从根本上改变了路面通行条件。为各种材料、车辆、设备入场提供了前提条件。

山体加固工程必然有大量人员进驻，必须建造和人员相适应的房屋。1972 年下半年，在瑞应寺广场对面和山坡下侧位置，修建了近四十间砖木结构房屋，为进场的技术人员、工人、各方面考察专家等提供住宿。

1977 年修建的文物库房位于广场东侧，左右各一座，体量相同，均为五间，面朝广场，出于安全考虑，门开在南北两面山墙上，正面开窗。通面阔 15.5 米。建成后寺院保存的各种文物全部保存在东侧的文物库房中（图 4-3），而西侧的库房则作为管理用房长期使用。

通过以上努力，麦积山石窟的各种条件完全具备进行大规模工程施工的条件，1975 年，各单位工程实验人员陆续进场，开始崖面危岩调查、锚杆实验、工程设计等前期工作。

2. 西崖下的清理发掘工作

麦积山石窟在历史上曾遭到多次大规模地震破坏，在东西崖根部有面积较大的堆积层，其中或有地震坍塌时被掩埋的历史文物。为了在工程之前将可能埋藏的文物清理出来，从敦煌莫高窟邀请

图 4-4　西崖下出土的造像塔　　　图 4-5　西崖下出土的菩萨造像　　　图 4-6　西崖下出土的小型造像碑

潘玉闪先生来麦积山石窟指导窟前遗迹发掘工作。发掘的重点是西崖下的堆积层，通过严谨的发掘，一部分珍贵的历史文物出土面世（图 4-4、5、6）。

3. 洞窟调查和拍摄石窟原貌资料片

为了保留更多的文物信息，避免在加固过程中破坏文物，对洞窟区域的文物信息进行详尽调查是很有必要的，如裂隙在洞窟内的位置和洞窟文物的关系、崖面上的题记、相关历史痕迹等。特别是当时对山体各个位置分布的渗水点也全部进行了调查，如位置分布、渗水情况和洞窟之间关系等都进行了调查。当时采用文字记录、绘图等方法对山体的外貌以及内部文物都进行了记录，为加固工程方案的制定以及具体的实施提供了有力的资料。

为了最大程度保存麦积山石窟原貌，为考古、保护研究提供基础资料，文管所向省文化局申请资金，并和兰州电影制片厂合作，从 1975 年开始拍摄麦积山石窟原始外貌以及洞窟内部文物照片。拍摄的顺序按照洞窟开凿年代为序逐个拍摄，同步还撰写了洞窟说明。1984 年 7 月最终制作完成，其中资料片共计十二盒，另有三十分钟的新闻纪录影片一部。

（二）麦积山加固工程

麦积山石窟维修加固工程是我国石窟文物保护工程历史上一项壮举！该工程从 1964 年国家文物局派员调查麦积山石窟山体稳定性开始，至工程结束历时 21 年；从 1972 年正式立项到 1984 年工程结束历时 13 年；从 1977 年施工队进驻现场到 1984 年工程结束，历时 8 年。是迄今为止我国历时最长的文物保护工程，当时投资 305 万人民币，是 20 世纪投资最巨的文物保护工程之一，这次加固工程是麦积山石窟后期开展一切考古与保护工作的基础，在麦积山石窟文物保护历史上具有不可替代的重要意义。

天水地区是我国地震活动比较频繁的地区，在地震力作用下，山体表面岩石和洞窟大面积崩塌。还在山体表面和内部造成了许多纵横交错的表层裂缝和深度裂缝，致使危岩密布，随时都有局部和大面积塌落的可能（图4-7、8、9），严重威胁着洞窟文物安全。许多洞窟都处于极不安全的状态。根据加固工程前调查，现存194个洞窟中（2008年的洞窟调查中将洞窟号增补为221个），洞窟大部分塌毁的有63个，洞窟小部分塌毁的有28个，另外受纵横裂隙切割破坏的有69个，只有34个洞窟保存相对完好。

1953年8月，中央人民政府文化部委派吴作人为团长的勘察团，对麦积山石窟进行了全面勘察，对石窟的险情及维修保护问题，建议"政府能考虑以现代工程上应用的科学方法（如横穿崖石裂隙，贯以钢筋和灰浆）来巩固这个危崖，以保存我们民族一千四五百年以前所创造的、在艺术上有惊人造诣的人类文化的奇迹"。

1963年6月，国家文物局王冶秋局长到麦积山石窟考察，认为保持山体稳定性是最紧迫的问题。次年，以国家文物局的名义协调和派遣地质、水文、文物保护、工程等多方面的专业技术人员，到

图 4-7　加固工程前西崖面貌

图 4-8　加固工程前崖面危岩之一

图 4-9　加固工程前崖面危岩之二

现场进行地质地貌等方面勘察。在这期间陆续提出了一些地质评价和加固设想，为探讨和确定维修加固方案提供了依据。对地质结构总评价是：麦积山石窟所处的山体是稳定的，历史上的坍塌，对整个山体来讲，仅仅是表层剥落而已，山体内部的基岩是稳定的。这个观点也就成为后期加固工程的前提。

1972 年，国家文物局的工程技术人员在长期调研的基础上提出三个加固方案：第一方案是东崖加固，措施是粘、锚、顶、罩，西崖文物搬迁；第二方案是东西崖都加固；第三方案是对东西崖裂隙危岩进行临时性抢险加固。虽然这三个方案都不够理想，但基于加固工程的紧迫性，国家文物局于 1973 年批准第一个方案，即"东崖加固，西崖文物搬迁"。

麦积山石窟洞窟内部的文物都是泥塑，个别大型造像是石胎泥塑。这些文物本身质地比较脆弱，很容易在外力作用下产生破坏；另外是和崖体结合紧密，无法剥离搬迁。文物搬迁必然会造成壁画和塑像破损，从而造成不可挽回的破坏；且大量文物搬迁后无法妥善安置。所内的业务人员认为文物就地加固为上策，遂向上级部门多次提出意见；同时接受勘察设计任务的甘肃省建筑勘察设计院在现场认真勘察后，也提出西崖可以加固，并且难度小于东崖。于是便在上述方案的基础上提出了将全部崖壁采用"锚杆挡墙、大柱支顶、化学灌浆黏结"进行加固的方案。

在加固方案设计中，省建筑勘察设计院将东西崖划分为10个工段，并且在此后两年的时间里，完成了全部工段的加固方案设计图（图4-10）和西崖工段加固施工图。技术人员利用"因势转角投影法"进行测绘，绘制了精确度较高的麦积山石窟总体立面图，并且设计出了多个新栈道分布图（图4-11、12）。

在工程前期进行的工程试验中，承担工程科研任务的甘肃省建筑科学研究所成功进行了锚杆锚固试验。工程技术人员由此受到启发，认为广泛应用于隧道等地下工程的"喷锚支护"也可以用到麦积山的加固，因为挡墙的加固方法会改变山体外貌，且工程量巨大，还会对文物原有环境造成不利影响。后逐渐形成共识：在麦积山加固工程中采用"喷锚支护"技术是完全可行的（图4-13）。

"喷锚支护"加固方案的优点是：第一，利用锚杆将危岩和钢筋网喷射混凝土层紧紧拉在基岩上，从而防止崖面继续风化剥落和危岩坍塌，达到加固崖壁目的；第二，采用喷锚技术，辅以粘拖等措施，可以保持山体及洞窟外形；第三，喷锚混凝土牛腿、块体和悬梁，是修复栈道、廊柱和檐棚等较好措施，同时利用崖面锚杆可作脚手架的横向连接点简便牢靠；第四，可以节约大量原材料和劳动力，功效高，速度快，会显著降低工程造价。而采用挡墙柱方案进行加固，不但外貌改变太大，不符合文物保护原则，而且钢筋混凝土挡墙柱与砂砾岩山体之间由于物理力学性能及所处部位等差异，在外界温湿度及沉降变化等条件下，将会出现不协调形变，不但难以支承危岩，甚至会起相反作用。

"喷锚支护"方案由于技术及文物保护理念方面的优越性，在很大程度上改变了原有的"锚杆挡墙、大柱支顶"方案，很快得到国家文物局的批准。1977年初，甘肃省建筑第五公司施工人员进驻现场，标志着麦积山石窟加固工程进入正式施工阶段。

在工程施工前期，技术人员对预应力锚杆应用产生了争议。后反复讨论，逐步统一了认识：预应力锚杆的优点是主动受力，而非预应力锚杆则是被动受力。但麦积山岩体疏松，裂隙发达，且属超高空作业，技术条件不成熟，贸然应用风险太大，而非预应力锚杆技术较成熟，施工较有把握，于是提出了取消预应力锚杆的建议。1978年5月，甘肃省文化局将上述建议报国家文物局审批。在国家文物局组织的会议上，对具体技术仍然是分歧很大。后中国科学院地球物理研究所岩石力学专家陈宗基教授（图4-14）听取汇报后明确指出：加固麦积山唯一正确的办法是锚杆锚固和灌浆黏结；在基岩上开挖大梁洞反而有损于山体结构及其稳定性，因此不宜采取挑梁支托办法；对于危岩采取打斜锚杆的办法加固。至此，麦积山石窟加固工程以非预应力锚杆为主的"喷锚支护"加固方案最终确定并按步进行施工（图4-15）。

工程先从西崖开始（图4-16、17），至1981年基本完成西崖的加固工作，将工程移至东崖（图4-18）。由于诸多因素的影响，麦积山石窟加固办公室独立承担了东崖施工图设计。对所有危岩采

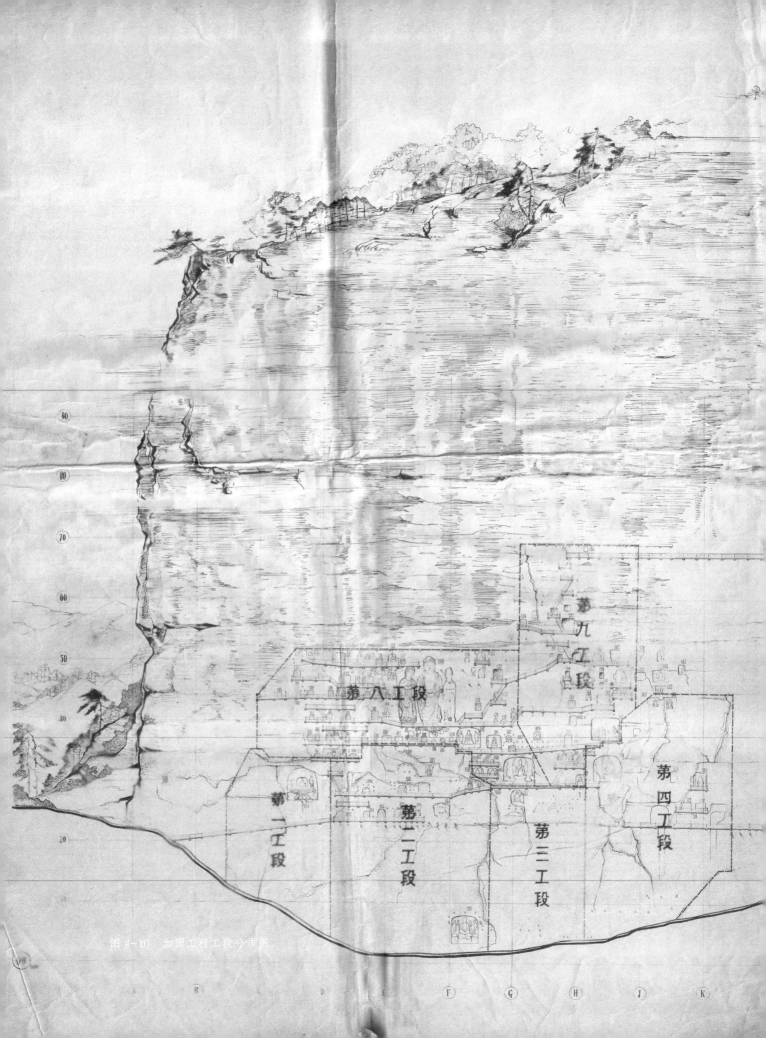

图 4-10　加固工程工段分布图

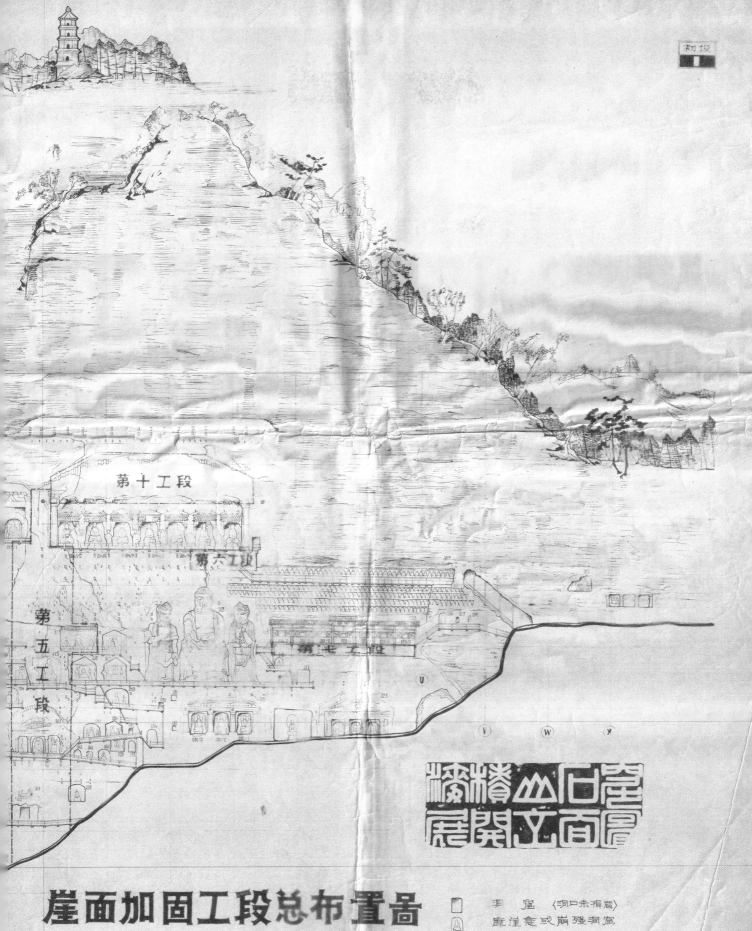

第十工段

第六工段

第五工段

第七工段

崖面加固工段总布置图

洞窟 〈洞口未损者〉

危崖危急或崩残洞窟

栈道孔 〈空〉

栈道孔 〈有残檐者〉

岸边裂隙

初投

N

P　　Q　　R　　S　　T

图 4-11　西崖崖面加固透视图设计之一

图 4-12　东崖栈道设计图之一

图 4-13　加固工程前锚固实验现场

取"捆吊、快锚、喷粘"的办法进行加固施工。先进行东崖上部五工段（牛儿堂东侧）巨型危岩的加固施工。这块危岩重580吨（图4-19、20），对它加固施工的成功与否，是全工程关键。加固施工时先按既定办法将危岩捆绑之后，在以若干长15米的斜锚杆和水平锚杆交错锚固危岩；对危岩内部两道裂隙进行灌浆粘结；在其下部崖壁凹进处制作大型喷锚混凝土牛腿承托。这块危岩的加固按照悬挂理论进行设计，仅锚杆即可达到巩固危岩之目的，再辅以灌浆黏结和牛腿承托。此块危岩加固成功后甘肃省文化局专门发来电报表示祝贺。

工程后期，采用环氧树脂对各处的裂隙进行了封堵，主要是防治雨水和空气进入后对内部的钢筋产生破坏作用（图4-21、22），此项工作主要是云冈文物保护所的技术人员负责。

图 4-14　陈宗基教授

　　1984年4月，麦积山石窟维修加固工程全面竣工。完成的主要工程量：喷护总面积9100平方米，其中打锚杆2300根，总进尺12500米；架设钢混结构新栈道1000米。同年7月，在天水召开了工程鉴定及竣工验收会议。麦积山石窟维修加固工程得到与会代表的高度评价与赞扬。会议通过了工程鉴定与竣工验收（图4-23）。并且给参与工程的相关单位颁发了锦旗以示感谢（图4-24、25）

图 4-15　工程施工人员在钻锚杆

图 4-16　西崖加固现场

会议通过的《鉴定意见》写道：麦积山石窟维修加固工程"在总结了国内岩体加固经验的基础上，结合麦积山石窟岩体的特点和不改变原状的原则，成功地采用了'喷、锚、粘、托'综合加固技术，为保护石窟文物开创了一条新的途径。工程造价仅用305万元，经济效益显著。这样的采用先进技术综合治理石窟的成功实例，在国内外都是突出的"。并且建议在类似加固工程中应用。1985年该工程荣获国家科技进步三等奖（图4-26）。

麦积山石窟加固工程是我国石窟维修史上空前的大型维修工程，该工程从科研、设计、施工及管理方面，都积累了一整套经验，它对加固类似石窟有普遍的指导意义。

（三）麦积山加固工程后期影响及评价

加固工程完成之后，从山体加固的角度看，其功绩是毋庸置疑的。现距工程结束已经有三十余年，每年接待五十万以上的游客量（最近两年已经达到八十万人），高峰时期单日曾突破两万人（图4-27），期间还经历了2008年的汶川地震（麦积山

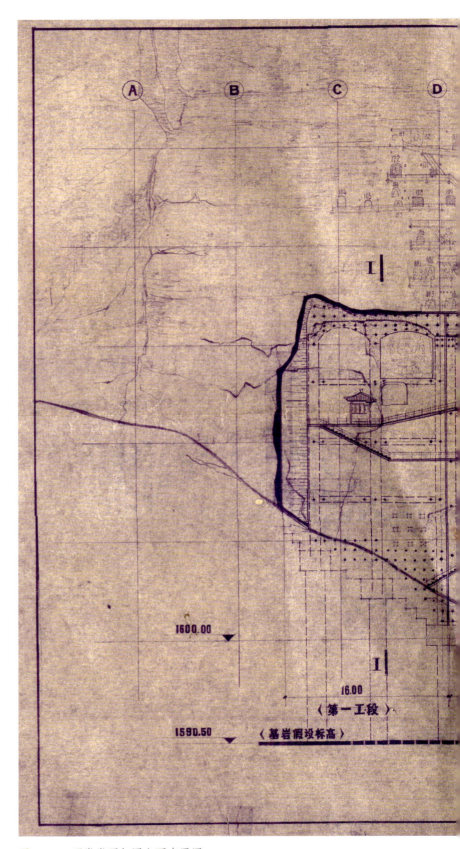

图4-17　西崖崖面加固立面布置图

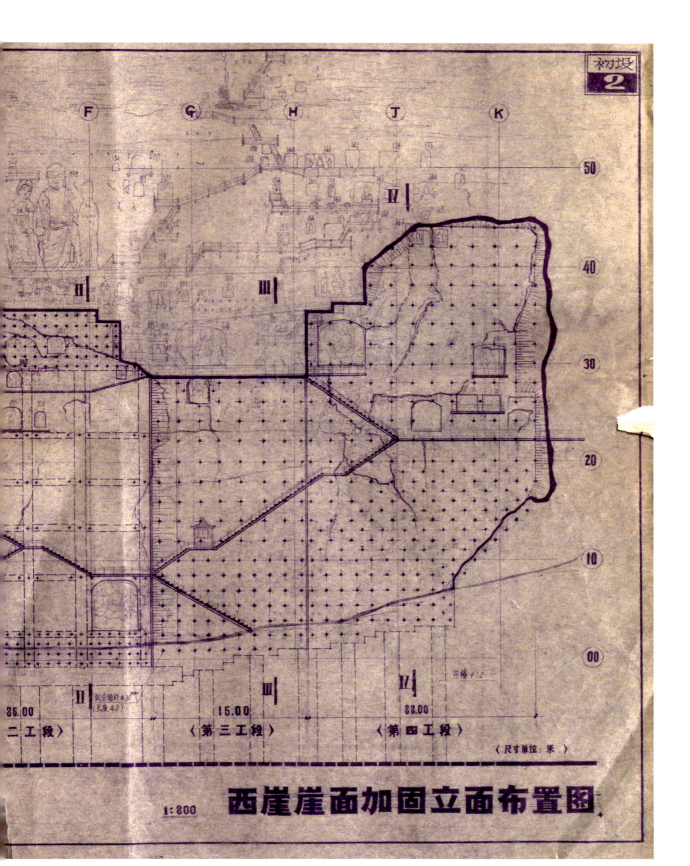

初设 2

F　G　H　J　K

50

40

30

20

10

00

IV

II　III

III　IV

35.00　15.00　33.00

二工段〉　〈第三工段〉　〈第四工段〉

〈尺寸单位：米〉

1:200　西崖崖面加固立面布置图

图 4-18　东崖加固现场　　　　　　　　　　图 4-19　4 窟与 5 窟之间的危岩

图 4-20　4 窟、5 窟之间的危岩裂隙（补修泥层）

图 4-21　技术人员在对 5 窟地面裂隙进行灌浆　　　　图 4-22　技术人员对 133 窟内裂隙灌浆加固

图 4-23　麦积山加固工程验收会议合影

图 4-24　麦积山文物保管所赠送云冈石窟保护所的锦旗

图 4-25　文化部和甘肃省政府赠送云冈石窟文物保护所的锦旗

图 4-26　麦积山文物保管所技术人员蒲成生获得的奖章

处于 7 级烈度边缘），都安然无恙。工程在安全稳固性等方面是值得肯定的。

但是长期也存在着不同的声音，其一是山体的大面积喷护覆盖了一部分崖面遗迹；其二是山体大面积喷护影响了麦积山石窟原有的水环境，对洞窟内的文物造成了严重的影响。

对于山体的大面积喷护覆盖了一部分崖面遗迹，主要是一些崖面分布的桩孔和残龛痕迹，有一定考古学价值，当时工程验收时就已经提出了这一点。但是当时的工程技术、材料性能、文物保护理念和我们今天有区别，这都是在当时的保护理念、材料、技术背景下所作出的最佳、合理的方案。并且麦积山加固工程是在唐山大地震的背景下进行的，

图 4-27　2016 年 "五一" 假期 4 窟游客参观景象

属于 "先救命，后治病" 的工程，不能用现今的理念和工程技术去评价前人工程。

关于山体表面喷护影响了原有的水环境，对于加固工程对麦积山洞窟文物造成很大影响的说法，是建立在对个别点位的观察，而不是全面调查的严谨结论。

麦积山石窟的渗水自古以来就一直存在，在加固工程之前的调查中，就认识到这个问题，已经对各个渗水点位进行了记录，在工程喷护时计划采取用柔性材料（如棉絮）对这些位置（包括一些崖面题记）进行遮护，喷护结束时去掉这些遮蔽物，渗水点就自然暴露在外。由于在具体的施工管理中的诸多因素，并没有按照这个计划来实施。但还是采取了一些其他措施来预防喷护工程对石窟水环境造成负面影响，当时采取的方法是在有渗水的位置放置了一些草绳，目的使内部的水分能顺着草绳运移，当草绳糟朽后，这个位置就会自然留下一个水分通道（图 4-28）。

水分在山体内部是复杂的、动态的，在一定情况下是可以改变的，其内部运移的规律、方向、改变的原因等以我们现在的技术手段都难以判断。所以不能将某些洞窟环境改变的原因简单地归结为 20 世纪七八十年代的山体加固工程。

近期，我们对麦积山石窟的潮湿洞窟逐一进行了调查，重点是和崖面喷护工程之间的关系，确定这些洞窟是否受到加固工程的影响以及影响程度。通过调查，我们得出了以下结论：（1）崖面喷护对高层的大型洞窟不会产生任何影响；（2）崖面喷护对西崖中下层渗水洞窟有一定程度影响，但是极其有限。

20 世纪的麦积山加固工程，在技术条件等方面和今天有很大的区别，我们不能以现今的技术条件来评判数十年前的工程。在当时 "先救命、后治病" 的背景下上马的工程，现今看来仍然是一个宏大的、对麦积山和中国石窟保护都意义深远的工程，其造成的一个轻微缺憾是可以通过我们目前的管理和技术措施来弥补的。

图 4-28　加固工程埋设的草绳

（四）支援嘉峪关夯土城墙喷锚加固试验和水帘洞保护工程

　　嘉峪关是万里长城西部终点，明代建筑，属全国重点文物保护单位，因年久失修，残损其重，亟待维修加固。此时麦积山石窟喷锚加固技术已经成熟，为此国家文物局领导指示麦积山加固办公室，抽调部分施工力量，前往嘉峪关对夯土城墙进行喷锚加固试验，为今后大规模维修加固提供借鉴。

　　为了更好地完成这次试验施工任务，加固工程办公室召开了有关技术人员参加的会议，研究制定了试验方案，安排了参加人员，明确了任务。

　　1979年9月25日，夯土城墙喷锚加固试验开始。试验地点在城墙南侧城墙下部，面积40平方米，用各种不同的配料和工艺进行实验。

　　1980年6月6日，麦积山加固工程办公室派员前往嘉峪关试验施工现场进行测试鉴定。于6月10日上午在嘉峪关市政府会议室进行了讨论分析，形成了一些具体的保护意见。

　　这一次的试验施工与测试工作的顺利进行，是文博单位之间、文博与科研单位之间良好合作的体现。尽管在以后嘉峪关城墙的维修工程中未曾采用喷锚技术，但是它无疑为后来的维修工程提供了借鉴，仍然具有一定意义（图4-29）。

图4-29　嘉峪关城墙现今面貌　　　　　　　　　图4-30　1982年第一届麦积山艺术研究会部分会员合影

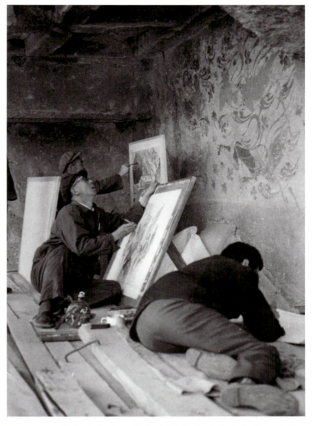

图 4-31 李西民和王玉其共同探讨临摹技法　　　　图 4-32 麦积山艺术研究会会员张兆鹏等在临摹 4 窟壁画

水帘洞是天水区域内除麦积山石窟之外最重要的一个石窟群。麦积山加固工程结束后，剩余了大量的杉木杆，在省文化局的协调下，以麦积山加固办公室的名义将这些杉木杆支援水帘洞石窟。水帘洞石窟利用这些材料，为拉梢寺修建了高层的防雨遮檐，对拉梢寺高层洞窟区域进行了维修，并使用锚杆工艺建设木构栈道和简易的混凝土钢构栈道。

（五）成立麦积山艺术研究会和组织美术人员临摹壁画

在麦积山文物保管所人力不足的情况下，为了更好地挖掘麦积山石窟艺术，让更多的学者参与到石窟研究中，决定成立麦积山艺术研究会，希望借助这个平台将天水以及兰州、敦煌等本省内学者联合在一起对麦积山石窟进行研究。1980 年，研究会正式成立，参加的人员除了天水本地学校以及相关单位的美术、雕塑、历史等工作者之外，还有甘肃省博物馆、甘肃省考古所、敦煌文物保管所等单位的专业人员（图 4-30），首任会长为张学荣。

研究会初期工作就是对石窟壁画的临摹工作，以研究会为依托组织，召集了天水市部分美术人员对壁画进行临摹。当时参与此项工作的有李西民、高兴旺、马治国、董晴野等人，对 4 窟、5 窟等洞窟的壁画进行了临摹（4-31、32、33、34）。

图 4-33 5窟唐代供养人（临摹品）

图 4-34 4窟伎乐飞天（临摹品）

（六）广泛收集整理有关麦积山石窟资料

随着外界对麦积山石窟的了解逐步增多，在各类报刊、书籍发表的各类论文也逐年增多，为了给学者提供了解麦积山石窟的资料平台，在广泛收集资料的基础上，1980年3月以麦积山文物保管所和麦积山石窟艺术研究会的名义整理印刷了《麦积山石窟资料汇编·初集》，这是麦积山研究史上第一本论文集形式的图书（图4-35）。

《麦积山石窟资料汇编·初集》内容上整体分为四个部分，第一部分为国内专论、书摘、消息报道、简介、诗歌；第二部分为碑刻文录；第三部分为文献资料摘抄；第四部分为日本学者关于麦积山石窟的著述。全书共收集各类文稿45篇，在当时的情况下将20世纪50年代以来的重要文稿全部收录。

这个时期还出版了《麦积山石窟》普及图册，麦积山文物保管所编，甘肃人民出版社1981年5月出版。内容分两部分：第一部分为何静珍撰写的《麦积山石窟简述》；第二部分为图版，有彩色图版8幅、黑白图版37幅。这是麦积山文物保管所第一本正式出版的书籍（图4-36）。

图4-35 《麦积山石窟资料汇编·初集》封面

（七）工程期间的文物修复工作

麦积山石窟的文物保护修复工作开始于20世纪70年代初期，但是大规模的开展却是在20世纪70年代后期。

麦积山洞窟内保存的文物大多是属于泥质塑像，其本身质地比较脆弱，容易在外部因素及内部结构因素影响下产生病害，需要采取适当的措施进行保护。

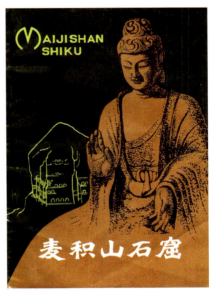

图4-36 《麦积山石窟》封面

当时的麦积山文物保管所没有能进行修复操作的技术人员，在保护修复方法、技术、材料、理念等方面都是空白。敦煌莫高窟同样是属于泥质壁画和塑像，敦煌文物研究所从20世纪50年代起就开始对塑像进行修复，60年代开始对壁画进行修复，积累了比较丰富的修复经验。文管所本着学习敦煌经验、先易后难的原则，在派遣人员在敦煌学习修复技术后，先从一些简单洞窟开始，首先修复了43、44窟等窟的壁画（图4-37、38）。

当时对于空鼓和边缘脱离的壁画修复，普遍采用的是边缘加固措施，采用黏土材料对即将脱离的壁画的边缘进行黏结，以保持壁画的整体稳定性。出于修复效果牢固可靠和整体观感统一，将整个洞窟壁画脱落的位置全部贴覆了泥层。

图 4-37　1952 年拍摄的 43 窟宋代力士

图 4-38　43 窟宋代力士现状

图 4-39　修复西崖大佛前反复研究抢险加固方案

图 4-40　在西崖大佛胸腹位置打锚杆

　　麦积山东西崖大佛（98 窟）是麦积山石窟最重要的洞窟，也是最引人注目的景观，由于自身工艺材料以及各种外力的作用，产生了诸多病害。西崖大佛存在的病害主要是表层泥皮大幅度前倾，随时面临大面积坍塌危险。经初步调查，直接威胁着西崖大佛安全的裂隙主要有四条，裂隙长度最长的为 9 米。1977 年 8 月，利用加固工程脚手架，开始对 98 窟摩崖大佛进行维修（图 4-39、40），维修之前，邀请了敦煌文物研究所李云鹤、李最雄、王进玉等人对修复工作进行指导，主要采用以下技术手段：

　　（1）对泥塑的残破面进行强化加固：采用乳胶（聚醋酸乙烯乳液）进行表面渗透强化。

　　（2）埋设铁件：在佛胸部开小洞口，在对应的崖面埋设钢筋，外部端头焊接"十"字形钢板，利用钢筋的拉力将脱离泥层固定。

　　（3）粘接：采用传统的工艺和方法进行裂隙粘接，选用泥质为基本原材料进行粘接修复，并配合细沙和麻刀，基本配合比为 100:30:3；在修复最表层的部分时，为了达到最好的效果，采用了棉花泥，即黄土＋沙＋棉花。

（4）塑泥归位：此项修复工作最重要的部分就是将前倾的塑泥归位，在高空脚手架上，根据不同位置情况，各个部位的前倾塑泥根据工作进展情况分别归位，不做统一进行。具体施工中，用了两个 40 吨汽车千斤顶为主要工具，通过人力协同，使前倾的塑泥顺利归位（图 4-41）。原

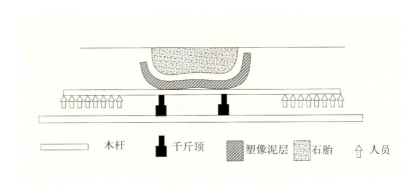

图 4-41　修复 98 窟大佛用千斤顶示意图

本在主佛胸部脱落崖面达 50.33 厘米的裂隙彻底归复，达到了最初制定的修复要求。该工程于 1978 年 10 月结束（图 4-42）。

1979 年春，开始对东崖大佛（13 窟）进行修复。东崖大佛的病害主要是在头面部分，其头部原有石胎部分已经在隋唐地震坍塌，宋代重修时将头部结构变成了木骨泥塑。随着木结构干缩、重力下垂和外在因素影响下佛头面右侧完全破坏，暴露出内部骨架（图 4-43）。

修复东崖大佛，首先解决的是原有头部木骨架稳固问题，当时采取的措施是在崖壁上锚固钢筋

图 4-42　西崖大佛修复后面貌

图 4-43　东崖大佛旧貌

图4-44　工作人员对东崖大佛进行调查

图4-45　东崖大佛修复前调查

图4-46　在东崖大佛下颌位置打锚杆

锚杆，然后用锚杆作为支点将原有的木桩、木骨架等固定好；在佛右脸部位锚固了五根钢筋锚杆，另外根据情况又增加了部分木骨架（图4-44、45、46、47）。

1980年秋，东崖大佛的修复工程结束（图4-48）。在修复东西崖大佛的过程中，还意外地从东崖大佛的头部出土了《金光明经》和有墨书的定窑瓷碗，在西崖大佛胸前出土了钱币幡（图4-49、50、51）。

1980年12月24日，全国文物保护技术协会第一次代表大会在北京召开，本所修复人员曹振新代表本所出席了此次大会，将麦积山98、13窟大佛的修复经验介绍给全国同行（图4-52）。

图 4-47　对东崖大佛面部
　　　　　进行作旧处理

图 4-48　东崖大佛修复后面貌

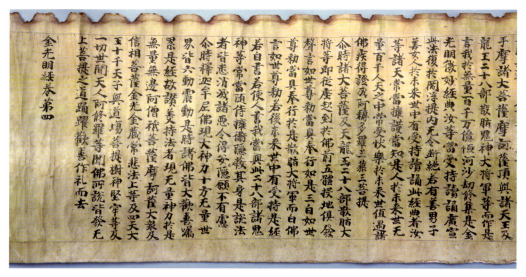

图 4-49　东崖大佛头部出土的《金光明经卷第四》

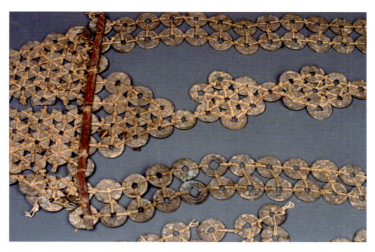

图 4-50　东崖大佛头部出土的定窑瓷碗　　　　图 4-51　西崖大佛胸部出土的钱币幡

图 4-52　中国文物保护技术协会第一次代表合影（后排右二为曹振新）

图 4-53　9窟加固前的面貌

图 4-54　9窟加固后面貌

这几个洞窟完成之后，遂开始大型造像的扶正工程。在 4、5、14、9、28、30 窟等窟中，有诸多的大型泥塑立像，高 2 ~ 3 米不等，这些立像都是属于木骨泥塑。其内部都有一根粗大的木桩，在多种因素的影响下，木桩产生松动，塑像便产生前倾甚至严重倒伏。在 1962 年甘肃省文化局联合调查组的报告中称有 55 身造像严重倒伏，主要就是指这些大型造像。

这些大型立像，仅仅是内部骨架松动造成的整体倒伏，其外表基本完整，所以解决的是骨架稳固性问题。当时采取的方法是"钢筋拉锚"，在造像背部崖面相对于上胸位置用钻具打锚孔，采用水泥灌浆工艺固定钢筋，然后从造像背部及胸前对应位置切开泥层（背部一般泥层都比较粗糙，但胸前却需要细致操作），露出木桩，在木桩上钻孔，将木桩和钢筋固定在一起，最后将切去的泥块妥善地回贴到原来位置，掩盖修复痕迹。当时采用这种方法，对全部有倒伏现象的塑像进行了修复（图 4-53、54、55）。

图 4-55　9 窟菩萨（背后经铁件拉固）

麦积山石窟加固工程是我国文物保护史上一项重大的文物保护工程，无论是对于麦积山石窟还是中国石窟寺的保护都有重要意义。此项工程的意义不仅限于工程本身，在工程期间，各项业务工作如石窟考古、文物保护、资料建设、综合管理等方面和其他同行单位之间有了更多的交流，也增补了业务人员，这些都为以后的业务工作发展奠定了基础。这个时期是麦积山泥塑修复工作的开端时期，虽然在保护理念方面不很完善，但修复工作基本的技术措施都是发端在这个时期。严格来讲，在这个时期，在全国还没有形成符合各种类型文物实际的保护理念。就麦积山石窟而言，其工作方法和工艺是基于最朴素的观点，一是原材料相同，其二是牢固可靠，三是对称之美。第一点和现今的理念是没有区别，第二点和第三点和现今的理念有一定的区别，现在的理念不过度的强调文物保护的牢固可靠而忽略其他内容，更注重于对文物现状的保存，采用最小干预的原则。但是作为发展初期的探索，这些功绩是不可忘怀的。而文物保护修复中的"对称性修复"在现今的保护修复中也一定程度的采用，因为文物保护也是需要一定的美学原则。

五　潜心探索　秉烛而行

1985 - 1995

　　麦积山文物保管所从20世纪60年代开始，各项业务工作逐步开展，如图书资料、洞窟调查与测绘、文物保护与修复、文物保管与征集、游客讲解等。在20世纪70年代初期成立了业务组，将有限的业务人员集中在一起协调管理，人员少时1～2人，多时4～5人，均为一职多责。1984年10月麦积山石窟正式对外开放以后，人员编制逐步扩充，对各个业务进行细致分工条件已经成熟，遂成立了文物保护研究室、资料室、美术研究室、接待室以及办公室、保卫科、人事科等专业部门。为了进一步适应开放以后的管理、保护研究、接待等工作，1986年3月，"天水麦积山文物保管所"更名为"天水麦积山石窟艺术研究所"，提升为县级建制（图5-1、2）。

图5-1　1985年五一劳动节所内职工合影

图5-2　第二届麦积山艺术研究会召开会议

（一）文物修复工作

　　山体加固工程期间，利用工程的大型脚手架，对麦积山石窟的东西崖大佛等大型造像进行了修复。同时，4、5、9窟等窟的大型立像也采用了钢锚杆拉固技术进行了修复。整体上，大型造像的基础保护修复在加固工程期间已经完成，下一步的任务就是对大量中小型洞窟塑像进行保护修复。

　　这个阶段修复的洞窟有127、86、85、133、135、132、69、169、165、147、191窟等洞窟，这些洞窟基本是采用对壁画边缘加固的方法进行修复，其中191窟（图5-3）和165窟（图5-4、5）是这个时期修复的代表性洞窟。

　　191窟是位于西崖西侧的西魏洞窟，该洞窟采用了崖面高浮雕的方法塑做了佛、弟子、菩萨、护法金刚、狮子等内容。由于完全暴露在外，直接经受风雨以及阳光、各种动物、昆虫的侵袭破坏，出现了较多的病害，需要进行维修。

　　相对于在此之前保护修复如东西崖大佛以及大型造像的扶正工程，191窟的保护修复是属于比

图 5-3　191窟修复前原貌　　　　　　　　　　　图 5-4　165窟宋代供养人修复前面貌

图 5-5　165 窟宋代菩萨修复前后对比　　　　　　　图 5-6　古代壁画内的木桩和麻丝痕迹

较细致化的修复，并且在这个时期修复人员开始在工作过程中积极地探索修复工作的理念、材料、工艺等。

　　在麦积山石窟古代壁画制作工艺中，比较普遍地使用了小木桩挂麻工艺，这种工艺将泥层和麻丝、木桩等结合在一起，确保了壁画的长期稳定性（图 5-6）。之前的修复工作中，工作人员已经观察到了这种工艺做法，在 191 窟的修复过程中，如何保证泥层稳固性是需要认真思考的问题，通过讨论，就在修复中采用了古代壁画中常用的小桩挂麻的工艺。起初是采用最原始的铁锤钢钎开凿，极为缓慢，后采用电钻打孔，提高了工作效率，在以后的工作中得到了普遍性运用。

　　这是一种很简单、很朴素的工艺方法，但对于麦积山石窟修复技术而言，却是比较有标志性的意义。它标志着麦积山的修复技术注意从传统中汲取有效的工艺资源，使现今的修复技术和传统之间无缝衔接，比起简单在壁画上覆泥已经是在理念上有很大的进步，并且这种进步来源于麦积山的历史传统。目前的修复中，我们仍坚持这种工艺，数十年间此种工艺修复的壁画现今未发现任何问题。

　　在壁画修复过程中的"随色"是长期讨论的问题，根据各种情况没有定论。在 191 窟的修复中，工作人员也尝试对这种理念进行实践，由于在修复理念上并没有形成统一的意见，甚至引起争论，并没有在后期的修复中运用。现今我们评论这次实践，应该说是一次很可贵的文物保护修复实践。

　　当时对于壁画的修复，普遍采用的方法是整窟修复。麦积山的壁画幅面较小，地仗边缘多有脱离，并且壁画还有较多的破损，大部分采用边缘加固的方法就可以解决问题。在这个时期，将整个洞窟脱落壁画的位置全部用泥层敷设（图 5-7）。从 20 世纪 70 年代中后期开始，在壁画修复过程中，对加固方法进行了调整，不再整窟壁面敷设泥层，而只对脱离壁画地仗边缘进行加固。加固的宽度控制在10厘米左右（图5-8）。

在20世纪80年代，修复人员对之前壁画边缘修复方法、工艺、理念等多方面进行了现场的观察讨论，认为随着技术和修复工艺的进步，对壁画边缘的处理方法也是可以进行改变的。首先是将修复的边缘的宽度尽量控制，使之限制在5～7厘米范围之内，目的是尽量减少新修复泥层对原壁画的视觉干扰。同时将原来的边缘压光改变为麻面处理，这样在视觉方面就会比压光的效果好一些（图5-9）。

图 5-7　43窟内采用的整窟修复

图 5-8　129窟的边缘修复　　　　图 5-9　142窟的边缘修复

这个时期也对部分中小型破损塑像进行了补残性质的修复，对于塑像个别位置出现的残缺，虽然在并没有明确提出相关的修复理念，但基本上是本着"有若无、实若虚，虚实相济"的指导理念。如对塑像残损的脚部进行修复时，只是简单地塑做出脚的外形，而不是细致的形态，就是对这种理念的实践。

（二）雕塑复制和壁画临摹

美术室建立之后，从本地区各院部门、学校等抽调了美术专业的教师，同时也从专业院校吸收了对口专业的学生，初步组建起业务队伍，对雕塑的复制和壁画的临摹工作就成为了日常性工作。

对于壁画临摹，工作顺序是读画—起稿—修稿—定稿—上色。临摹有千年历史沧桑的古代壁画，一方面要最大程度的反映壁画原作的气韵、精神等，同时还要表现出壁画历经沧桑的面貌，如何在两者之间达到和谐统一，临摹者反复探索了多种办法。临摹品上色使用的颜料均为矿物颜料，简单地使用这些颜料很难和原有色彩之间达成统一，业务人员采用反复脱胶、加胶、上底色、表面摩擦等，使临摹的壁画在原作神韵和现场沧桑之间达到了完美的统一（图 5-10、11、12、13、14、15）。

除了临摹本单位的文物作品，美术室的业务人员还参与地方美术作品的建设工作。1986 年，北道区（现名麦积区）建设新大桥，要在桥头位置设立一个标志性的雕塑作品，麦积山石窟艺术研究所承担了此次任务。孙纪元所长创作了"飞天"雕塑，美术室及其他部门的工作人员共同组成雕

图 5-10　127 窟石雕一佛二菩萨（复制品）

图 5-11　121 窟窃窃私语（复制品）

图 5-12　123窟童男童女（复制品）

图 5-13　44窟一佛二菩萨（复制品）

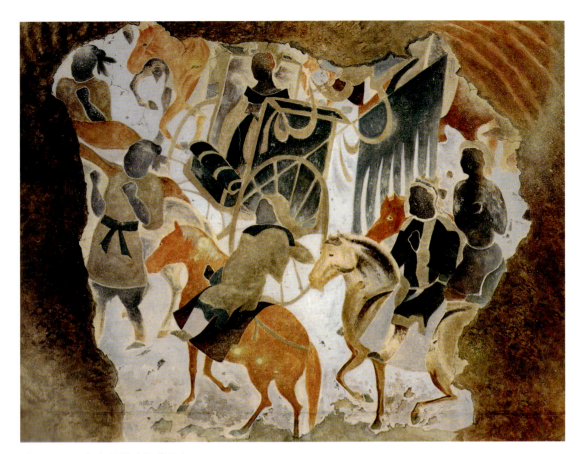

图 5-14　4 窟出行图（临摹品）

图 5-15　127 窟睒子本生故事图（临摹品局部）

塑组，完成了雕塑建设的工作（图5-16），至今仍是麦积区的重要景观。

（三）古文书整理

麦积山文书是指原麦积山文物保管所于1955年从瑞应寺僧人手中接收的文书，一直保存在瑞应寺院的文物库房里。由于早期工作重点是在洞窟文物保护，如山体加固工程，同时也缺乏相应专业工作人员，对于库房里的文物的整理工作尚未提上工作日程，长期搁置。而由于库房的条件极为简陋，潮湿、虫蛀、鼠害等对这些文书造成了严重的破坏，部分文书已发霉、腐烂、破损，急需进行整理工作。

麦积山石窟山体加固工程之后，单位整体工作便转向各种专业性的工作，其中便包括文书的整理工作。首要的工作

图5-16　麦积区渭河桥头飞天雕塑

就是抢救性通风、晾晒、整理，并对保存的环境进行了基本改善。在这个基础上逐步开始文书的目录编纂等工作。但由于工作条件简陋和业务人员有限，工作进度甚慢。1987年夏，应资料室主任蒋毅明邀请，敦煌研究院袁德邻来麦积山指导文书编纂工作（图5-17），之后的工作由资料室工作人员承担，逐步编纂完善《麦积山文书目录索引》（图5-18）。

麦积山文书共1500件（不包括残片），时代最早者为唐，继有五代、宋、明、清的刻、写本，其中明代刻本最多。这批文书中不乏古善、珍本。

这些文书的来源之一为麦积山瑞应寺历代僧众所遗留之文书（含冯国瑞先生捐赠）；来源之二为麦积山周围寺院历代僧众所遗留之文书，如仙人岩灵应寺。麦积山文书大体可分为四类：佛教类文书、道教类文书、经史子集类文书、杂类文书（社会文书、经济文书、医药、占卜、音乐、美术等）等。它们都与麦积山有着千丝万缕的关系，故称之为"麦积山文书"（图5-19）。对这批文书的整理研究是以后麦积山石窟研究的一个重要方向。

2006年，随着电脑等办公设备的配置，文书资料的电子化列入日程。由于古文书中有较多的

图 5-17 文书整理小组合影

图 5-18 业务人员在整理文书

繁体字、异体字、自造字、生僻字等，给行文断句和辨识造成了很大难度，在北大马世长老师的指导下，电子化录入工作顺利进行，当年就完成了《报恩仪文》《报恩密教》《报恩提纲赞》等八万字的录入工作。

2008 年，麦积山石窟艺术研究所珍藏的唐代卷轴装写本《金光明经》入选第一批国家珍贵古籍名录，2010 年，再次被甘肃省评为《甘肃省珍贵古籍名录》，并颁发证书。

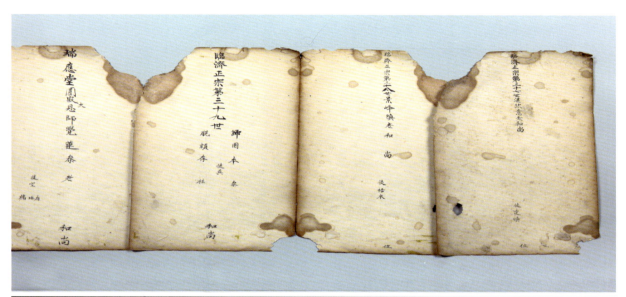

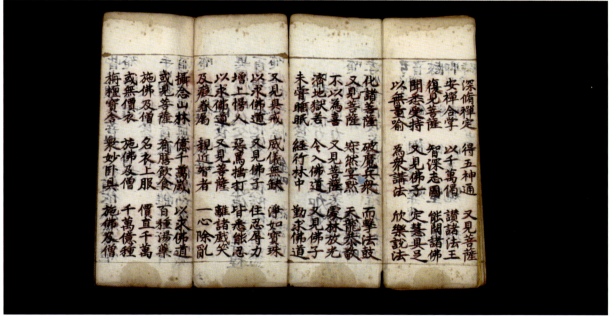

图 5-19 麦积山馆藏"瑞应堂"文书（上）和血书"妙法莲华经"（下）

（四）对外展览

展览既是对研究及临摹成果的检阅，又是宣传介绍和进行文化交流的社会活动。从 1986 年 5 月 1 日起，麦积山石窟艺术精品展在本所文物陈列室展出。展品多为雕塑的复制品和壁画的临摹品，也有一定数量的雕塑和壁画原作，还有部分库藏的书画、经卷、拓本等。这种展览，对观众的参观内容是一个拓展和丰富，使部分难以登临高空栈道的游客可以通过展览了解麦积山石窟。

1990 年 5 月，选送泥塑、石雕、壁画原作 20 件，赴兰州参加为期一周的"甘肃省文物精品展"。1990～1993 年，选送雕塑复制品 10 件、壁画临摹品 7 幅，赴西安参加陕西省博物馆举办的"汉唐丝绸之路文物展"。这些展览对宣传麦积山石窟历史文化都起到了重要的作用。

麦积山石窟对外开放以来，不但国内游客纷至沓来，国外的游客也日益增多，其中以日本的游客占绝大部分，一些致力于佛教石窟研究的学者也对麦积山石窟产生了浓厚的兴趣。1992 年 1～4 月，为了庆祝中日邦交正常化 20 周年，国家文物局组成代表团访问日本，"中国麦积山石窟展"随团赴日本东京、大阪、京都、横滨等四个城市展出。展品有麦积山石窟泥塑 36 件，石雕 8 件，壁画残片 2 块，经卷 2 本，雕塑复制品 12 件（图 5-20），壁画临摹品 7 幅；此外还有平凉、庆阳、天水等地以及甘肃省博物馆的文物 24 件。展出期间，本所随展人员和日方专家学者进行了学术交流，同时由日本经济新闻社编辑出版了《中国麦积山石窟展》大型图册。此次展览取得了圆满成功，先后有各界观众 14 万人参观了展览，在学术界、宗教界引起了极大的重视（图 5-21、22）。

（五）图书出版

这段时期出版了普及图册和专集图册，有一定理论水平和研究深度的专论多篇，将麦积山石窟的研究工作推向一个新的阶段，提高到一个新的水平。主要有：

阎文儒主编的论文专集《麦积山石窟》，是甘肃人民出版社 1984 年出版的《中国石窟艺术丛书》之一。阎先生在 1945 年和 1962 年两次考察过麦积山石窟，对麦积山石窟有深入的考察和研究，但限于考察时的条件，当时没有公开出版或发表文字报告。1953 年中央考察团对麦积山石窟考察之后，在学术界引起了一个麦积山研究高潮；此书的出版是继此次高潮的第二次的研究成果汇集。

《中国石窟·麦积山石窟》，大型精装图册，日文版。麦积山石窟艺术研究所主编，中国文物出版社和日本平凡社共同编辑，平凡社 1987 年 5 月出版，首次向国外全面、系统地介绍了麦积山石窟艺术。图版均为彩色，收录了历代泥塑、雕塑及壁画代表作品 298 件（幅），是麦积山石窟第一本在海外出版的专业性书籍。该图册由文物出版社于 1998 年出版中文版。

《中国美术全集·绘画编·麦积山等石窟壁画》，大型精装图册。顾问阎文儒，主编董玉祥。人民美术出版社 1987 年 9 月出版。图版编选甘肃境内麦积山、炳灵寺、水帘洞、天梯山、马蹄寺、文殊山、昌马、五个庙等石窟的壁画 160 多幅，其中有麦积山石窟自北魏至五代的壁画 49 幅，有的作品是首次发表，为研究麦积山石窟的壁画艺术提供了新资料（图 5-23）。

图 5-20　赴日本展览前对复制品进行审查工作

图 5-21　出国展览前对文物进行检查

图 5-22　日本观众参观展览

图 5-23　《中国美术全集》在拍摄过程中

　　《中国美术全集·雕塑编·麦积山石窟雕塑》，顾问王子云、史岩、刘开渠、王朝文；主编孙纪元；副主编李西民。人民美术出版社1988年12月出版。图版精选了自北魏至明代的近两百件有代表性、艺术水平高的泥塑、石雕珍品。

　　《石窟艺术》论文集，由麦积山石窟艺术研究所主持编辑，邀请了敦煌、大足、龙门等相关单位的学者撰写论文14篇，由陕西人民出版社出版（图5-24）。

　　《中国麦积山石窟展》大型图册。1992年麦积山石窟艺术的部分作品在日本展出后，由日本经济新闻社将展出作品的图片编印，图版主要有参展作品的彩色图版91幅，还有外景等图版7幅。

图 5-24　《石窟艺术》封面

（六）四十周年大庆

1993 年 9 月 20~23 日，为纪念麦积山石窟艺术研究所（原麦积山文物保管所）建所 40 周年，在麦积山举行了为期三天的庆典活动。应邀参加的有甘肃省、天水市有关领导、甘肃省内外专家学者、兄弟单位的代表共百余人。这是建所以来首次举行的大型集会。庆典活动的其他内容主要有：参观石窟、召开座谈会、开展学术交流活动（图 5-25）。

在会议期间，还举行了于右任碑揭幕仪式。1941年，冯国瑞先生《麦积山石窟志》刊行后，引起海内外考古、艺术、宗教界人士重视。冯国瑞先生托胞弟冯国璘先生（时任于右任秘书）以书相赠于右任。于右任读《麦积山石窟志》后，喜书联："艺并莫高窟，文传庚子山"，后此联转存麦积山石窟保存。多年后，寄居台湾的冯国璘先生仍心中牵挂此联，遂联系捐资刻碑事宜，后碑刻树立在石窟脚下（图 5-26）。

图 5-25　参加麦积山艺术研究所四十年大庆的代表合影

图 5-26 立碑仪式在西崖下举行

图 5-27 1988 年 8 月敦煌研究院讲解员和
麦积山石窟讲解员合影

（七）对外人员交流

敦煌莫高窟和麦积山石窟之间单位性质等多方面完全一致，在各个业务方面的管理有相同的要求，如管理、保护、临摹、讲解、资料等。从 1963 年开始，麦积山文物保管所的领导和主要技术人员多来自于敦煌文物研究所，故单位之间有密切的工作联系。为了扩展两个单位业务人员、特别是讲解人员的视野，更好地做好石窟讲解工作，两个单位之间在 1988 年开展了讲解员的交流活动（图 5-27），双方互派讲解员到对方单位进行实地的交流讲解。

这样的活动对扩展双方工作人员的视野有极大的作用，讲解的内容不局限于敦煌或麦积山石窟，更宏观、更深入、更丰富、更具有吸引力！不但对讲解工作有直接的推动作用，双方工作人员的联系也进一步紧密，对其他方面的工作有间接的推动作用。

（八）基础设施建设

从 20 世纪 50 年代开始，麦积山文物保管所的办公环境一直利用瑞应寺院的建筑，办公条件极为简陋，同时对寺院古建筑保护、安全防火等方面也有威胁。在加固工程期间，配合工程修建了一些简单的平房。在麦积山石窟加固工程后期开始，随着工作的深入开展，原来的办公条件难以满足发展的需求，所以在 1982 ~ 1988 年的数年间，陆续修建了文物陈列室、贵宾接待室、办公楼等建筑，从根本上改变了单位的面貌。

图5-28　广场东侧的文物陈列室

1982年，在广场东侧，修建了文物陈列室，面朝广场，混凝土砖木混合结构，仿唐代建筑形式，前廊后室，前廊两侧有人字顶曲廊，连接1977年修建的文物库房（5-28）。

麦积山石窟的对外开放，游客日益增多，一些重要的接待工作原来是在瑞应寺东侧的麦积山馆进行，建筑日益破旧，同时参观线路也不顺畅。需要新建旅游接待设施来满足工作的需要。1985年，拆除了瑞应寺对面的戏楼（三间两层），建设了新接待室，单檐大屋顶形式（图5-29）。

1988年，为了适应新的管理形式以及改善办公条件，在石窟对面的山沟位置修建了两栋办公楼，上下两座，均为三层，大屋顶形式，仿唐代的叠瓦脊和仰俯瓦屋面，上一座为一字形，下一座为丁字形。两座办公楼总建筑面积为2200平方米。建成后，除了满足一般性的办公行政需求外，图书资料、壁画及雕塑临摹、摄影暗室等都有了专业性的库房和工作间（图5-30）。

从麦积山石窟艺术研究所建立到1995年，总体上属于麦积山石窟的探索发展时期，在行政管理、业务发展等诸多方面进行探索、学习、进步，参照同行单位经验基础上，探索适合自身的发展道路。特别是在文物保护方面，因麦积山石窟是以泥质雕塑

图5-29　外宾接待室

图 5-30　1988 年建设的两栋办公楼

为主，所以在保护修复理念及工艺方法等方面和敦煌莫高窟有所区别，在修复方法的探索方面业务
人员进行了不懈努力，一些最基本的修复理念和技艺都是在这个时期奠定的，虽有过失败和争论，
但前进的脚步一直未曾停止。

六　传统立基　科技兼容

1996·2005

麦积山石窟渗水治理工程，是麦积山石窟自加固工程之后又一项比较大的工程项目，融入了多种科技手段，我所人员也深度参与其中。这标志着麦积山石窟的文物保护工作开始多元化、科技化。

（一）文物保护

1. 麦积山石窟渗水治理工程

麦积山石窟所处地区多雨潮湿，大气降水通过各种渠道下渗，对洞窟和文物造成了严重影响，部分洞窟在降雨后湿度急剧增大，造成壁面落砂，壁画也产生大面积脱落或褪色，个别洞窟不得不对窟内文物进行临时搬迁；一些洞窟内部长期渗水，洞窟形制已经完全破坏。1996年，在国家科学委员会副主任邓楠关心下，《石窟文物保护技术措施综合研究——麦积山石窟渗水成因分析及治理方案》通过国家科学委员会立项。

渗水治理工程立项对麦积山石窟的文物保护工作有标志性的意义，1984年，麦积山石窟山体加固工程结束后，文物保护工作一直是以泥塑壁画保护修复为主。而渗水治理工程立项丰富了麦积山石窟保护工作的内容，标志着石窟保护向系统化、多元化方面发展。

铁道部第一勘察设计院承担了此项课题的研究工作，研究人员通过综合研究，认为雨水下渗的途径主要有两条：一是山体各个位置的地质裂隙；二是山顶植被层下的微裂隙（图6-1）。在此基础上，提出了"窟外堵源截流，以堵为主，窟内以排为主，排堵结合"的治理方案，并通过了省文物局和国家文物局组织的专家论证。2002年，国家文物局对此项工程进行立项，2003年5月，工程正式开始施工。

工程采取"先外后内，先上后下，先易后难，逐步实施"的方式进行施工，首先对围绕山体的6条贯通大裂隙用超细水泥浆进行注浆封堵，对山顶陡坡分布的微裂隙用水玻璃进行压力渗注（图6-2）；这些封堵工作将有效地阻止大气降水的下渗通道。其次是在受渗水影响的洞窟周围布置排水孔（图6-3、4），深度直达山体内部的含水层，为水分提供一个顺畅的排泄渠道，最终达到渗水治理的目的。

经前期的勘察和通水实验，3、4、5号裂隙对57窟渗水点有直接影响，所以工程过程中对这一部分的施工也就高度的期望，但是在7月初期封堵工作完毕后，57窟的渗水现象并没有明显的变化，针对这个情况，工程队在封堵完1、6号裂

图6-1 渗水调查人员在对山体裂隙进行调查

图6-2　工程人员在西崖设置的压力泵站　图6-3　工程人员在崖面上钻孔

图6-4　一期渗水工程排水孔分布图

隙之后，暂时停工。

　　在这期间，省文物局又邀请各方专家召开了论证会，认为前期制定的"彻底、全面地根治麦积山石窟的渗水现象"在目前的科技、经济、时间、具体地质情况下实现是有很大困难，也是不现实的。所以此次论证就事实求是地降低工程目标，改变为"在有效范围内有效地缓解渗水对洞窟的影响"，根据这个目标，工程将原来的"以堵为主，窟内以排为主，排堵结合"改变为"以排为主，排堵结合"的方案。

9月初，工程再次开始，在洞窟外侧各个位置打排水孔，当7号排水孔钻到一定深度后，山体内部的水如泉涌，喷薄而出，顺直径8厘米的孔洞排了二十多分钟（图6-5），由此可以推测，山体内部的多个位置存储有如此类型的空腔，成为水分存储的空间，对洞窟内部造成缓慢的长期影响。

排水孔全部打完后，我们对排水孔以及渗水洞窟进行了长期的观察，总体上排水孔对山体内部的水分有一定的疏导作用。但是多数洞窟的潮湿现象并没有得到改善。结合其他石窟单位治理水患的具体情况，认为石窟治水是一项很复杂的工程，短时期内很难得到根治，需要长时间进行关注调查，待科技手段成熟后再进行下一步的工作。

2. 瑞应寺修缮工程及广场铺设

瑞应寺是一组保存得比较完整的建筑群，沿中轴线保留的建筑有山门、天王殿、钟楼、鼓楼、娘娘殿、财神殿、东西厢房、大雄宝殿等。从历史资料、建筑风格、保存文物等综合判断，这些古建筑的主体部分建于明代后期，在清中期曾进行过修缮。由于历史悠久，这组古建筑面临着巨大的隐患，如屋面漏雨、塌陷，梁架歪闪、木柱糟朽、支撑力降低，基础沉降、墙体酥碱等，对附属文物也造成了很大的影响，急需抢救性保护（图6-6、7、8、9）。

2000年，麦积山石窟瑞应寺修缮工程获得国家文物局审批立项，拨款进行维修，工程的维修设计、施工、监理等都聘请相关有资质的单位进行，以确保文物工程质量。工程严格按照"修旧如旧，不改变文物原貌"的保护原则进行，对于中轴线上的重要建筑如山门、天王殿、大雄宝殿等建筑，为了保留更多的历史信息，保持历史的真实性和完整性，采用了不落架的维修方法，而对年代晚一点的附属建筑，如钟楼、鼓楼、东西厢房等则进行了落架维修。

为了保持建筑群的历史原貌，首先是最大程度的采用了原来的构件，将新增加（替换）的材料

图6-5　7号排水孔

图6-6　瑞应寺维修前屋脊倒塌

图 6-7 瑞应寺维修前檐柱糟朽、劈裂

图 6-8 瑞应寺维修前屋面渗漏檐椽糟朽

图 6-9 瑞应寺维修前大殿内柱简单墩接

控制在一个比较低的程度，如对糟朽、劈裂的木柱，则普遍地采用了墩接、拼接等传统的木作工艺，梁架、檩、枋等大木构件则多数使用了原材料。

修缮以后的瑞应寺建筑群，很好地保持了这组古建筑原有的历史风貌，和麦积山石窟之间的映衬关系更加紧密和和谐（6-10、11）。

瑞应寺前广场 1985 年铺设混凝土地面，并在中间位置建设大型花坛，其中树立了"飞天"雕塑并有水池、喷泉等，后因雕塑风格和麦积山石窟的环境不相协调，1995 年拆除，花坛保留。广场地面因长期碾压破损，也和新建寺院等环境不相协调。在瑞应寺院维修工程结束后，从整治广场环境和瑞应寺周边排水的考虑，2002 年利用省计划委员会的国债资金对广场进行了重新的铺装，降低了广场的标高，和山门地坪标高保持三步台阶的高度，同时沿广场周边砌筑了石质栏杆。

图 6-10　修缮后瑞应寺外景

图 6-11　瑞应寺西厢房维修后面貌

3. 文物修复

（1）王子洞塑像搬迁工作

王子洞窟区位于麦积山石窟主体山峰东侧山岭，距离1号窟200～300米，虽然距离不远，但是林木遮挡，山路陡峻，少有人至。在这个区域中保存有15个洞窟，其中编号为197窟中保存有一尊北周时期造像，出于原址保护的理念一直保存在洞窟中（图6-12）。

2002年春，临近的仙人崖石窟发生了文物盗抢案件，给石窟文物安全敲响了警钟，特别是地理位置偏僻、缺少防护的王子洞窟区的文物安全，经综合考虑，决定将文物搬迁到文物库房保存。

具体搬迁工作由保护室负责，10月25～27日进行了前期调查和测绘、摄影等工作，最大程度保存了原始面貌的数据和影像；28～30日进行了搬迁准备和搬迁工作，由于造像和壁面完全独立，故剥离松动相对容易，在做好各项安全措施后，30日上午完好地将塑像搬迁到文物库房妥善保存（图6-13）。

（2）127窟菩萨的修复工作

127窟中央位置有宋代塑做的一佛二菩萨（图6-14），其中左右侧菩萨高250厘米。由于造像体量高大，是属于独立型的造像，内部的木骨架、芦苇等都不同程度产生了松动、糟朽等病害，塑像也就产生了前倾、肢体断裂等病害，需要进行修复。

造像前倾的原因是木骨架在根部产生了松动，修复的方案对塑像进行半解体。将塑像整体稳固后，从塑像背后解剖开一条纵向深槽，露出内部的结构，对各种杂物进行清理以后，根据塑像内木桩的结构情况，采用铁件固定的修复方法，将铁件完全隐藏在塑像内部。

127窟宋代菩萨的修复，是继20世纪70年代中后期对大型造像扶正工程以来，再次对大型塑像进行的修复工作，取得了成功的经验（图6-15、16），对大型塑像的内部结构、工艺等有比较直观的了解，为以后的大型塑像的修复奠定了基础。

图 6-12　王子洞窟区

图 6-13　对王子洞佛像进行修复

图 6-14　127 窟正中佛左右两侧菩萨

图 6-15　从背后解剖塑像并清理出槽朽的　图 6-16　内部加固完成后对表层进行回贴　图 6-17　大殿右壁后部天王
　　　　　芦苇等材料　　　　　　　　　　　　　　　　　　　　　　　　　　　　　　　　　　　　壁画病害

（3）明代碑刻的复原工作

《秦州天水郡麦积崖佛龛铭并序》是北周时期文学家庾信所做，原碑已失。明嘉靖四十三年冯惟讷、甘茹等在嘉靖三十八年的甄敬的《登麦积岩三首》诗碑的阴面重刻了《秦州天水郡麦积崖佛龛铭并序》，有重要的历史和文学价值。碑刻通高 377 厘米，款 105 厘米，厚 23 厘米，清灰岩石质。惜碑刻在 1920 年海原大地震中被倒塌的大树砸成多块碎石。

2002 年瑞应寺古建筑群修缮完成之后，为了更全面地反映寺院的历史，碑刻的复原被提上了日程，采用了环氧树脂粘接的方法，自下而上进行诸块对接，恢复了碑刻的原始面貌。修复工作从 2002 年 9 月初开始，历时一个月完成对接树立工作。

（4）大雄宝殿壁画修复

在瑞应寺大雄宝殿的东西山墙上，保存有明代晚期绘制的壁画，内容是十方佛、八大菩萨、五百罗汉等内容，总面积 54 平方米。绘画内容丰富，人物众多，线条流畅，是晚期寺院壁画中的佳品。由于建筑墙体严重酥碱、下沉、山柱歪闪等，造成了壁画有起甲、空鼓、酥碱、裂隙等多种病害（图 6-17、18）。2001 年，配合瑞应寺修缮工程，同步对大殿的壁画进行了修复。

壁画最主要的病害是酥碱，是由于大殿外侧的地面高于室内地坪，水分长期侵蚀墙体，造成下部的砖砌墙体和靠近砖体的土坯墙严重酥碱，所以在对建筑周边环境进行处理时，对室外的地坪做了降低处理，并采取了防水措施，从根本上解决了危害壁画的因素。

大殿墙体是壁画的支撑体，由于酥碱、下垂严重，必须替换新的材料。按照原材料、原工艺的原则把下部的青砖墙替换，由于青砖墙具有承重作用，所以在实际修复过程中采用了边拆边换的方法，用新的青砖替代了原有破坏严重的墙体，墙体内部的槽朽木柱采取了墩接的方法进行了局部替换，保障了建筑和壁画的稳定性。在修复的过程中，邀请到著名的文物保护专家胡继高先生现场指导，

图 6-18　大殿右壁壁画原貌

图 6-19　采用挂麻工艺对壁画进行修复

胡先生对麦积山石窟坚持采用传统工艺修复古代壁画和塑像给予了高度评价。

对于上部的墙体进行替换时，将黄麻丝间隔一定的距离挤压在墙体缝隙之间，然后用修复用泥将壁画和墙体及麻丝结合在一起。最后，对壁画表面的起甲、酥碱、裂隙等病害采取了相应的修复措施（图 6-19、20、21）。

瑞应寺大殿壁画采取了原址整体保护的理念，采取的技术措施都是基于麦积山石窟文物修复数十年的经验，技术简单并且有效合理，对后期的保护修复工作具有很强的借鉴意义。

（5）74窟的修复

74窟是麦积山最早的洞窟之一，洞窟内的塑像基本保持完整，在考古学研究中具有重要的价值。74窟和78窟的大型佛像采取了"围砌法"和"木骨芦苇法"的塑造方法，内部有大量的松散砂石和脆弱的芦苇。内部填充的松散材料由于其自身缺乏基本的稳定性，一旦失去外围的维护，必然会自然的流失；而芦苇也会被水分和动物破坏而流失，这就形成了麦积山石窟独有的空腔形造像。

74窟左右两侧的佛像受到历史时期地震的破坏，均有不同程度的残损，其中东侧的佛像残损程度严重一些。仅存佛像右侧的二分之一，内部的空腔完全暴露在外，有安全隐患（6-22、23）。

对于这种空腔型造像的修复，在之前修

图 6-20　工作人员对空鼓壁画进行修复

图 6-21　修复后的大殿壁画

图 6-22　74 窟左侧佛像

图 6-23　74 窟左侧造像内部的木骨及空腔

复案例中并没有经验，在方案讨论时，认为在总体上要保持空腔的基本状态，所以在稍后的初步技术方案中对空腔位置采取了随形钢架支撑的方法，以保持塑像的基本状态。

随着工作的深入，业务人员对文物保护理念也有更深入的认识，认为采用钢架结构虽然可以保障塑像的稳固性，但是在原有泥塑结构中添加了现代材料，不符合文物保护修复中原材料、原工艺的理念。所以在最终技术方案中决定采用随形的自然树杈作为支撑结构。这样的做法不只是材料的改变，重要的是在保护理念上提高到了比较高的层次，用原工艺、原材料对古代泥塑进行了修复，完全不干扰历史信息，使后世更完整地理解古代艺术。

4. 开展环境监测工作

麦积山石窟的环境监测工作总体上开展的比较早，早在 20 世纪 60 年代，已经建立了气象站和开始了对渗水洞窟的观测，麦积山加固工程开始后，限于人员力量，暂时停止了这些工作。80 年代后期，洞窟环境监测工作重新开始，由保护室负责，当时采取的是干湿温湿度表，每天定时记录 127、133 窟等重点洞窟内部的环境变化情况。同时，针对 127、133 窟湿度大的情况，1987 年购置了去湿机放置在洞窟中，同样是定时开启，降低洞窟内部的湿度。

1998 年，保护室购置了两台毛发自记式的温湿度记录仪，每次可以记录 7 天的温湿度数据，极大地节省了人力，同时记录的数据更有连续性、更为科学。从 1998 年 7 月开始，对洞窟的温湿度进行了连续性的记录。并在后期及时对数据进行处理，形成报告。

在对洞窟环境记录的同时，对山体渗水也进行了观测工作，选择 57 窟作为渗水量观测点，94 窟为落砂量观测点，这些基本数据为后来的山体渗水治理提供了重要的基础数据。

毛发自记式的温湿度记录仪虽然相对于干湿温度表的记录方式有比较大的进步，但是后期的数据处理还是需要读取并人工逐个输入，工作效率比较低。2005 年，又购置了自动采集环境温湿度数据的 HOBO 记录仪，采集频率可以自主设置，后期又逐年采购，极大地提高了洞窟环境监测的科学性。

大气环境的监测是文物保护的必备要素，由于城区和山区的气象环境差别比较大，无法完全参照，故需要独立建立气象观测站。2005 年，在西崖草坪位置建立了三要素（温度、湿度、降雨）的气象站。

（二）退耕还林工作

麦积山石窟处于林区，起初一直保持着比较良好的生态环境，附近森林密布，地形、地貌、植被等环境都保持着历史时期的面貌，基本上没有遭到过度的人为干扰和破坏。

从 20 世纪 60 年代开始，随着本地人口的增加和外地人口的逐步迁入，附近区域的土地压力也逐步增大，一些缓坡地带都被开辟为农田来种植各种农作物，同时，附近居民为了满足生产、生活等各种需要，森林地带的林木也被大量砍伐，麦积山石窟的周边环境也逐步地被改变，人为干扰和破坏的痕迹逐年加重。

1996 年 6 月 30 日，中共中央政治局常委、国务院副总理朱镕基在中共甘肃省委书记阎海旺，甘肃省省长孙英陪同下参观麦积山石窟，在参观过程中，朱镕基对周边的环境深感忧虑，认为应该退耕还林，并叮嘱甘肃省的同志落实好该项工作。次年，在甘肃省政府以及天水市政府政策支持下，开始在麦积山附近及其周边环境中开始封山育林和退耕还林工作，原有的林区将禁止放牧、开垦耕地、采伐林木、狩猎等活动，而石窟附近的开垦耕地将采用国家补偿的方式进行退耕还林，种植各种本土性的树木，逐渐地恢复石窟周边的原始生态。

为了保持这种植被恢复工作的长久性，国家和地方政府都相继出台了许多的配套性政策，将附近的农民土地收归国有，农民的身分也成为城镇居民，并推广沼气、节能建筑等，同时国家给予相应的财政补贴，这样使农民的生产、生活方式产生了根本性的变化，使之对自然环境的影响力降低到最低限度，另外在石窟保护范围内的居民数量进行一定程度的控制，这样就可以使麦积山石窟周边的自然环境逐渐地恢复到历史时期的面貌。通过多年的努力，石窟周边的环境得到了很好的恢复。

（三）安防工程

从 1984 年保卫科建立以来，石窟文物的安全保卫工作一直是以人防为主，以警卫队（时称经济民警小队）为主，坚持采用定点值守、巡逻等方式确保文物安全，九十年代初期，在文物库房等

图 6-24　监控室

位置安装了简单报警设备。

随着形势的发展，文物的安全防范也是一个迫切需要引起重视的问题，附近文物点曾发生过文物被盗案件。原来的人防等措施已经不能满足日渐紧迫的形势，利用科技手段加强石窟文物安全防范工作被提上日程。

从 1999 年开始，研究所便组织协调相关单位编制设计麦积山石窟的安防工程计划，经层层审批论证，该工程于 2002 年 12 月被国家文物局立项，批复 180 万实施该工程，2003 年，该工程正式开始施工，保卫科负责工程的协调、监理工作。该工程的施工，标志着麦积山石窟安全保卫模式从单一的人防转换为人防和技防相结合的模式，文物的安全性大大提高（图 6-24）。

该工程在以后运行过程中，多次改造升级，完全可以满足新形势下的文物安全保卫要求。

（四）考古调查

甘肃省是文物大省，在石窟方面除了知名的莫高窟、麦积山石窟、炳灵寺石窟之外，在各地还分布着百余处大小石窟寺，这些石窟寺只有少部分规模稍大的有保护机构，其余的都是出于原始的保存状态，都简单地归属于乡镇文化部门管理，保管条件极差，管理部门对这些石窟点的基本资料情况掌握甚少。

　　为了摸清各地中小石窟的分布、保存、管理、历史概况等，甘肃省文物局于2003年正式启动《甘肃省中小石窟调查》项目，总体上以兰州为界分为东、西两个片区。西部片区由敦煌研究院承担调查工作，东部片区由麦积山石窟艺术研究所承担调查工作。麦积山石窟艺术研究所从考古、保护、美术、资料等业务部分抽调了考古、绘图、摄影等专业人员组成了调查组，对甘肃东部的中小石窟开展调查工作。

图6-25　调查组在天水滩子千佛洞调查

图6-26　调查组在庄浪云崖寺大寺窟区调查

图6-27　调查组在庄浪云崖寺调查

图6-28　调查组在云崖寺调查途中

图6-29　调查组在庄浪博物馆对石刻造像进行调查

图 6-30　调查组在庄浪陈家洞石窟调查　　　　图 6-31　调查组在华亭石拱寺石窟调查

　　为了积累野外调查的经验，调查组首先从最近的仙人崖石窟开展调查工作，调查组分工合作，分别以文字、测图、摄影等方式记录石窟保存的状态，现场工作历时一个月，后转入室内整理工作。

　　在之后的数年中，调查组对武山水帘洞石窟、木梯寺石窟，庄浪云崖寺石窟、陈家洞石窟，泾川王母宫石窟，合水平定川石窟，甘谷华盖寺石窟，礼县法泉寺，徽县佛爷崖等多处石窟寺进行了调查。多数石窟的调查环境极为艰苦，道路、住宿、餐饮等方面均存在多方面的难度。但是调查组克服了种种困难，风餐露宿、艰苦跋涉，2005年顺利地完成了调查任务，同时发现了一些新的石窟点，并且同步发表了一系列的调查简报（图6-25、26、27、28、29、30、31）。

　　在这个过程中，研究所的研究和保护队伍的业务能力得到了锻炼，视野得到了扩展，为后期甘肃东部石窟综合研究、保护等奠定了基础。

（五）档案建设

1. 洞窟档案

　　洞窟档案就是以全面的手段对洞窟中所保存的造像和壁画的内容、数量等记录，主要是文字和简单的测图工作。这是一项专业性很强并且耗时费力的工作，但是却是一项必须进行的工作，逐个洞窟对其中的内容进行详细的记录，以便全面掌握和了解麦积山石窟现存文物的状态和数量。

　　该项工作以资料室的业务人员为主进行，从2000年开始进行，逐窟、逐壁面进行调查登记，该工作历时四年，至2003年底，工作进入最后统计阶段。经统计，洞窟内的造像总数量为3938件10632身，壁画面积约979.54平方米。

2. "四有"档案

文物保护单位的"四有"档案就是有保护范围、有保护标志、有记录档案和有保管机构。虽然各个文物保护单位从单位建立之初就开始了此项工作，但是均不规范，标准也不统一。为了使此项工作更具科学性，国家文物局于 2003 年颁布了《全国重点文物保护单位记录档案工作规范》，并举办培训班，麦积山石窟艺术研究所派出业务人员赴北京参加"四有"档案培训班，之后，便正式展开档案建设工作。

四有档案包括主卷、副卷、备考卷三个部分，其中主卷包括文字卷、照片卷、拓本及摹本卷、保护规划及保护工程方案卷、文物调查及考古发掘卷、文物保护工程及防治监测卷、文物展示卷、电子文件卷、续补卷等十个分卷；副卷包括行政管理文件卷、法律文书卷、大事记卷、续补卷等四个分卷；备考卷包括参考资料卷、论文卷、图书卷、续补卷等四个分卷。这些档案包括了文物保护单位的文物保护、考古研究、行政管理、安全保卫等各个方面。为了更好地开展此项工作，除了在具体规范上遵循文物局颁布的工作规范，还聘请了国内知名的石窟研究专家董玉祥、马世长等先生来指导此项工作，全所各个部门全部参与，在不懈的努力下，按照规范的要求很快就建立起了完备的"四有"档案框架。在后期的工作中一些新的档案资料将及时地从各个部门汇总，不断地补充完善档案资料。

（六）馆藏文物数据采集

2002 年 8 月，省文物局专家对库藏的文物进行定级鉴定，共认定国家级文物 67 件，其中一级文物 13 件，二级文物 18 件，三级文物 36 件。之后，按照标准，首先对这些文物开展了建档工作。起初为手写文字建档，次年，文物局配发了一台专用电脑用于文物建档。

2003 年 3 月，甘肃省文物局开展馆藏文物数字化工作，我所由于具备相应的人员力量，此项工作由我所在省局指导下自行开展。

该项工作包括文字信息录入、文物基本数据采集、数字图片等，由于有相对完备的基础资料，此项工作进展较快，至 10 月份就完成全面信息采集和录入工作。

馆藏文物数字化是我所业务工作中最先开展的数字化工作，不但使馆藏文物的管理登上了一个新的台阶，更重要的是使其他方面工作的数字化、信息化管理有了一个良好的开端。

在自身开展工作的同时，我所在省文物局的安排下组织工作组承担起了天水、陇南等周边地区文物单位的馆藏文物数字化摄影工作，很多文物点路途遥远，条件艰苦，同时正值"非典"肆虐，但是工作组克服重重困难，保质保量地完成了拍摄任务。

（七）召开麦积山石窟与丝绸之路佛教文化国际学术研讨会

2002 年 7 月 15 日至 20 日，兰州大学敦煌研究所和麦积山石窟艺术研究所共同主办了麦积山石窟与丝绸之路佛教文化国际学术研讨会。15日上午在省城兰州举行了开幕式，甘肃省文化局副厅长、文物局局长马文治及兰州大学副校长杨恕先后发表了热情洋溢的讲话。省委、省政府以及天水市人民政府等有关部门的领导同志到会表示祝贺。尔后在天水麦积山进行了学术考察和研讨。

参加这次研讨会的有来自国内外专家、学者120余人，举办学术报告6场，先后有24位学者做了专题发言。这些论文大体可分为七个方面：（1）麦积山石窟专题研究；（2）麦积山石窟与丝路文化及其他石窟的比较研究；（3）佛教图像和典籍考释；（4）丝绸之路及陇右文化专题研究；（5）莫高窟考古及敦煌文献研究；（6）其他石窟及佛教考古研究；（7）石窟保护研究。

2004年6月，该会议论文集由兰州大学出版社出版。

（八）其他方面工作

1. 参与天水市双遗产的申报工作

在敦煌、大足、龙门、云冈等石窟相继进入世界遗产行列之后，社会各界对麦积山石窟的申遗工作的关注度日益高涨，在此背景下，天水市政府2001年成立了麦积山石窟申报遗产办公室，当时的目标是双遗产，即自然遗产和文化遗产同时申报。麦积山石窟研究所派业务人员参与其中，并负责文化遗产文本的编写工作。

由于自然遗产的基础资料比较薄弱甚至是空白的，所以政府申遗办前期的工作是对自然遗产进行资料补充调查，和多家单位合作成立了多个课题组，对气象、生物、地质等进行调查研究。所以作为文化遗产主体的麦积山石窟于2002年底才正式参与此项工作。

由于长期关注遗产申报工作，麦积山石窟艺术研究所已经积累了大量的基础资料，所以申遗的进展速度非常快，于2003年6月份已经完成申遗文本编写工作并通过各级审核上报国家文物局备案。

2006年7月5日，建设部公布首批《中国国家自然遗产、国家自然与文化双遗产预备名录》，麦积山风景名胜区被列入双遗产预备名录。

2. 成立学术委员会和建立学术奖励制度

作为研究型的单位，理论性的研究成果是重要的工作内容，但是由于没有有效的组织，对于文物保护、考古研究等方面的理论研究长期以来一直是作为业务人员个人的工作范围，未能纳入到单位的发展及管理中，所以在研究成果发表方面麦积山一直是处于劣势，影响着工作深度开展。为了改变这种面貌，推动单位的整体学术研究发展，2002年，成立了学术委员会，并建立了学术奖励制度以及编辑《所内年报》。

学术委员会的职能是全所业务研究项目、课题计划的提出和制定，组织学术会议、学术论文的编写等。学术奖励制度是在学术研究未列入科室任务的前提下，对业务人员的一种奖励制度，在以后的工作过程中，此项制度不断完善，金额也不断提高，对单位的业务促进起到了极大的作用。

《所内年报》2002年正式在所内组织人员进行编写，其内容是将单位内部年度工作的各个方面用一事一题的方式编写成稿件，并分类编辑，是对单位以及部门甚至个人工作成绩的汇总，有着忠

图 6-32　《所内年报》2002 年创刊号　　　　图 6-33　《麦积山石窟志》封面

实记录年度工作的重要意义。《所内年报》于 2002 年编辑第一辑（图 6-32），获得了极大的反响，也获得了省文物局的肯定，在以后的工作过程中，在档案记录、工作检索、对外交流等方面都具有极大的实用价值。

3. 建立麦积山石窟艺术研究所网站

为了更进一步适应互联网背景下对麦积山石窟保护管理、考古研究等方面的宣传力度，经过所内的讨论研究，2002 年 10 月，依托天水市政府建立的天水在线网络平台，麦积山石窟艺术研究所网站正式建立。网站栏目有麦积山概述、石窟文化、历代题咏、石窟保护、石窟价值、旅游景点、机构设置等。

网站的建立，改变了传统的宣传方法，使观众更便捷地了解麦积山石窟的价值、内容等各个方面的信息，并且时效更为及时、信息量更为丰富。

4.《麦积山石窟志》出版

麦积山石窟的第一本志书是冯国瑞先生 1941 年编撰的，是为奠基之作。随着地方志编撰事业的发展，1988 年，天水市地方志编撰委员会下达了编修新《麦积山石窟志》的要求，张锦秀承担了编修任务。至 1993 年上半年完成了志书初稿，分送专家审阅。此后经过数年修稿工作，至 1998 年 8 月完成志书打印送审稿。1993 年 3 月召开了专家评审会议，经过再次的细致修正，于 2002 年 4 月由甘肃省人民出版社出版发行（图 6-33）。

该书分上下两篇，上篇主要叙述洞窟本体文物，分为洞窟建筑、雕塑、壁画、题记等章节；下篇分为塔寺及现代建筑、碑碣铭文、藏品、周边风景名胜、管理与研究、附录等章节，通篇 35 万字，涵盖了麦积山石窟的各个方面。

　　新版《麦积山石窟志》是甘肃省石窟中第一本新的志书，和冯国瑞先生旧版的《麦积山石窟志》相比，在编写体例、历史断代、洞窟统计等多个方面都做了全新的改编，更科学、更翔实、更具体、更完备、更符合志书编写的要求，为各个方面的学者和专家提供了研究麦积山石窟的基础资料。

　　以麦积山石窟渗水治理工程为起点，是麦积山石窟保护工作进入到科技保护时期的标志，这个时期开展了一系列重要的技术工作，如渗水治理一期工程、瑞应寺院的修缮工程、环境监测工作开展、洞窟档案建设、内容总录和中小石窟调查、安防工程、麦积山网站的开通、双遗产的申报等，而在文物保护修复方面，也在保护理念、工艺、材料等方面逐步成熟和定型，保护工作的内涵逐步加深，外延也逐步扩展，并且逐步在同行单位中产生了影响力。

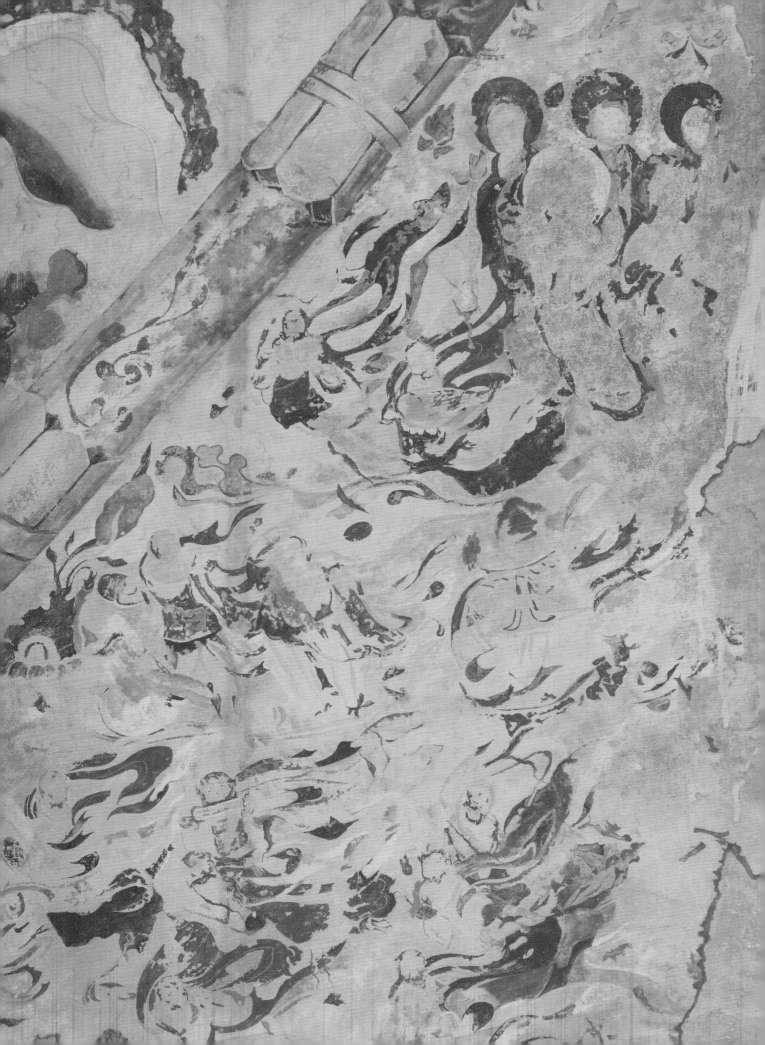

七　保护合纵　研究连横

2005 - 2015

申报世界文化遗产，一直是麦积山石窟艺术研究所多年来的奋斗目标和工作理想。"双遗产"因多方面原因限制进展缓慢，稍后联合国科教文组织又将中国单独的石窟申遗排除在外，麦积山石窟单独申遗的大门已经关闭。但是，丝绸之路整体申遗又为麦积山石窟敞开了一个新的大门，2006年，麦积山石窟入选丝绸之路整体申遗备选点，再一次揭开了麦积山石窟申遗的序幕，各项工作紧紧围绕着申遗工作开展。

（一）丝绸之路文化遗产申报

1998年，联合国教科文组织启动了"对话之路：丝绸之路整体性研究"项目。2006年8月，国家文物局、联合国教科文组织世界遗产中心在吐鲁番召开"丝绸之路跨国联合申报世界文化遗产国际协商会议"。中国与中亚五国（哈萨克斯坦、吉尔吉斯斯坦、塔吉克斯坦、乌兹别克斯坦、土库曼斯坦）达成了跨国联合申遗的共识。麦积山石窟被列入丝绸之路整体申遗中国段44处备选点之一。

自此之后，麦积山石窟迎来了多次专家考察，各项工作逐步开展，麦积山石窟在丝绸之路中的历史文化定位也逐渐明晰，其文化遗产价值得到了凸显。但是，申遗道路上却有重重困难和障碍。2008年，甘肃省政府召开全省申遗扩大会议，对以下问题做出了明确指示：（1）保护管理专项办法制定公布工作；（2）遗产管理规划和保护规划的编制工作；（3）文物本体保护工作；（4）环境整治工作；（5）陈列展示和旅游设施建设工作；（6）"四有"档案建设工作；（7）遗产监测工作。麦积山石窟艺术研究所即刻按照上级部署开展工作。

在上级法律部门的指导下，开始起草保护管理专项法规和开展遗产保护规划条例。通过努力，2008年10月27日，《麦积山石窟保护管理办法》（甘政办发[2008]138号）由甘肃省人民政府办公厅颁布，使麦积山石窟本体以及保护范围内的管理工作有了明确的法律保障。2009年8月，《麦积山石窟保护规划》编制完成（图7-1），2010年5月，甘肃省人民政府公布了《麦积山石窟保护规划》（甘政发[2010]38号《甘肃省人民政府关于公布实施麦积山石窟保护规划的通知》）。

遗产周边环境是文化遗产的重要保护内容，其涉及范围广，工作难度大。2009年4月7日，甘肃省丝绸之路申报世界文化遗产领导小组专门召开了麦积山石窟环境整治问题协调会，邀请了国家文物局、中国建筑设计研究院、清华大学、中国古遗址理事会、甘肃省文化局、天水市政府及相关机构等参与会议，会议对

图7-1 麦积山石窟保护规划

图 7-2　业务人员在进行档案整理工作

麦积山石窟环境整治的具体问题提出了指导性意见。存在的主要问题是：（1）石窟对面香积山违规建设寺院；（2）景区内各种乱搭乱建设施；（3）石窟视线范围内的办公楼问题；（4）遗产范围内垃圾处理问题；（5）遗产区内旅游服务摊点无序发展问题；（6）瑞应寺广场地面和环境不协调问题；（7）遗产区内原住居民问题。总体原则是香积山寺院建设必须停止、恢复原有植被；景区内服务摊点等必须规范，垃圾外运处理，办公楼做拆除、降层和外观弱化处理，遗产区内的居民要限制建设活动。对以上问题，各相关单位在各自职责范围内开展治理工作。

　　2011 年 12 月，国家文物局与哈萨克斯坦、吉尔吉斯斯坦草签《丝绸之路跨国申遗工作备忘录》。为了切实加强麦积山石窟申遗工作，所内成立了申遗工作领导小组，动员全所力量投入工作。

　　这一阶段，主要开展了以下几方面工作：（1）档案资料收集整理，包括麦积山文物本体、保护范围地形地貌测绘及照相、管理建设、考古研究以及外围地方政府、相关单位和麦积山石窟相关领域的全面资料（图 7-2）。（2）管理工作：①对 2008 年由甘肃省人民政府办公厅颁布的《麦积山石窟遗产管理保护办法》再次修订工作，并于 2013 年 1 月重新由甘肃省人民政府办公厅公布实施（甘政办发 [2013]14 号《甘肃省人民政府办公厅关于公布实施麦积山石窟管理办法和炳灵寺石窟管理办法的通知》）；②委托敦煌研究院编制完成《麦积山石窟监测预警体系设计方案》省级报批，并按照国家文物局意见进行修改（图 7-3）；③建立电子资料检索管理平台；④麦积山石窟艺术研究所科研基地完成报批手续；⑤完成《麦积山石窟管理规划》的编制工作（图 7-4、5）。（3）环境整治：

图7-3　麦积山石窟监测预警体系设计

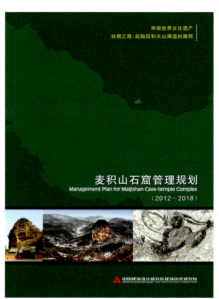

图7-4　麦积山石窟管理规划

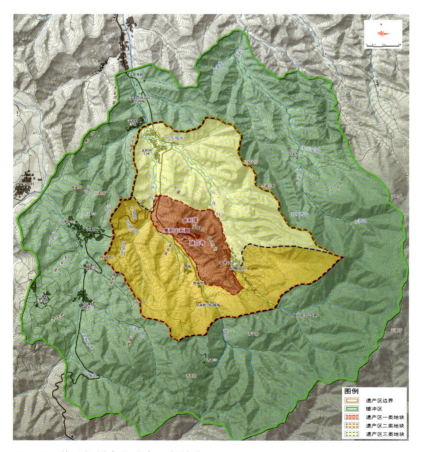

图7-5　管理规划中的遗产区和缓冲区

①完全拆除遗产区内的办公楼，并逐步完成环境复绿和观景平台建设（图7-6）；②对瑞应寺广场大理石铺装地面等位置的水泥地面进行改造（图7-7、8、9）。（4）文物本体保护工作：①组织业务人员对所有洞窟照片、测绘图、病害图、内容总录等进行整理收集；②开展127窟的病害霉菌处理和相关实验项目（图7-10）；③实施栈道维修加固工程；④绘制了遗产区正射影像图和大比例地图以及20个重点洞窟的数字化线描图（图7-11）。（5）其他方面：①完成了安防系统的升级工作；②结合申遗开展了瑞应寺《麦积山石窟历史沿革展》以及麦积山石窟与丝绸之路的展览提升工作（图7-12）；③完成了洞窟连

图 7-6　将原办公楼和宿舍楼拆除并复绿以还原遗产区环境的真实性

图 7-7　工人在对广场大理石地面进行改造

图 7-8　工人在对广场中轴线进行条石铺装

图 7-9　工人正在对广场边缘进行改造

图 7-10　所领导检查 127 窟保护工作

图 7-11　78 窟北壁线描图

图 7-12 参观瑞应寺展览

续立面图、平面图的绘制工作
（7-13）。

　　2013年，麦积山石窟的申
遗工作进入到了冲刺阶段，10
月16日，以完美的姿态迎接国
际专家的考察验收工作。在验收
前期，完成了以下几个方面的工
作：（1）完成了《麦积山石窟
保护管理办法》的修订和报批工
作，并由甘肃省人民政府办公厅
公布实施。（2）完成《麦积山
石窟监测预警体系设计方案》的

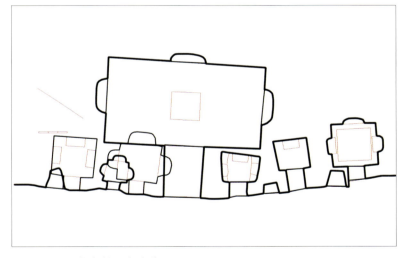

图 7-13 西崖上层洞窟连续平面图

审批以及招标工作，并开展工程实施；加强和地方政府、相关部门的协调力度，对遗产区的综合管
理得到了加强。（3）补充完善了"四有档案的建设工作"，一是建立了档案资料的检索、存放与
数据电子化管理平台；二是对全部纸质档案进行电子化（图7-14）；三是完成了15个洞窟电子档
案平台的建设工作；四是第12窟三维展示平台演示工作（图7-15、16）。（4）完成了麦积山石窟
遗产区和缓冲区界碑界桩的制作、安装工作（图7-17、18）。（5）对洞窟环境进行了进一步的整
理完善（图7-19）。（6）完成了《麦积山石窟安全防范系统设计方案》（图7-20、21）《麦积山

图 7-14　业务人员在进行档案管理工作

线描图

正射影象

自由观看　回主界面

图 7-15　12 窟三维视图

图 7-16　12窟左壁三维视图

图 7-17　麦积山石窟遗产核心区界碑

图 7-18　麦积山石窟遗产核心区界桩

图 7-19　4 窟安装的木质栏杆

图 7-20　安防监控室

图 7-21　窟区影像监测设备

图 7-22　西崖下醉仙楼拆除前面貌

图 7-23　拆除后的醉仙楼场地恢复情况

图 7-24　广场旧办公区拆除前面貌

石窟瑞应寺及文物库房消防升级工程设计施工方案》《麦积山石窟危岩体加固和渗水治理工程方案设计》等多种技术方案的报批工作。（7）完成了麦积山石窟艺术研究所办公楼、醉仙楼（图7-22、23）、旧办公平房等不协调建筑的拆除工作以及场地环境恢复工作（图7-24、25、26），同步完成了办公区和文物库房的搬迁工作（图7-27、28）。（8）完成了瑞应寺广场地面的改造工作。（9）完成了《麦积山石窟历史沿革展》的提升工作。

图 7-25　广场下侧办公区拆除和建设　　　　图 7-26　办公平房建成后面貌

图 7-27　文物搬迁前精准核对　　　　　　图 7-28　搬迁库房时妥善包装文物

　　（10）完成了窟区各种服务设施的改进工作（图7-29）。

　　在遗产委员会正式检查前期，麦积山石窟迎来了国家文物局、甘肃省文物局以及各级政府的多次检查，对发现的问题随时进行整改，以良好的面貌迎接检查（图 7-30、31、32、33、34、35）。

　　10 月 16 日,世界遗产委员会咨询机构——国际古遗址理事会委派加拿大籍专家狄丽玲（Lynne D.Distefano）女士对"丝绸之路：起始段和天山廊道路网"之一的申遗点——麦积山石窟进行现场考察评估（7-36、37、38）。经过全面的考察和评估，专家对麦积山石窟给予了较高的评价，并且

图 7-29　窟区的导游标识牌

图 7-30　2009 年 4 月 3 日，国家文物局世界遗产处郭旃来麦积山考察

图 7-31　2012 年 9 月 8 日，国家文物局副局长顾玉才来麦积山考察

图 7-32　2012 年 8 月 19 日，国家文物局副局长童明康来麦积山考察

图 7-33　2013 年 7 月 27 日，国家文物局专家组来麦积山检查

图 7-34　2013 年 5 月 27 日，甘肃省副省长张广智来麦积山考察

图 7-35　2013 年 7 月 27 日，国家文物局专家组检查申遗准备工作

图 7-36 2013 年 10 月 16 日，国际古遗址理事会专家狄丽玲在麦积山瑞应寺考察

图 7-37 2013 年 10 月 16 日，国际古遗址理事会专家狄丽玲在窟区考察

图 7-38 2013 年 10 月 16 日，国际古遗址理事会专家狄丽玲考察监控室

图 7-39　2014 年 6 月 22 日，多哈第 38 届世界遗产大会会场

提出了建议。此次评估标志着麦积山石窟的申报世界遗产工作取得了可喜的成果。

2014 年 6 月 22 日，在卡塔尔首都多哈举行的第 38 届世界遗产大会上，中国大运河、中国与哈萨克斯坦、吉尔吉斯斯坦联合申报的"丝绸之路：起始段和天山廊道的路网"成功列入世界遗产名录（图 7-39）。

（二）文物保护工作

1. 对外合作项目

经过多次沟通，2005 年底，筑波大学世界遗产专业与麦积山石窟艺术研究所签订了合作调查协议。内容涉及地质构造、岩石结构、植被、水文、光照、温湿度等，并密切联系洞窟塑像及壁画以及所依附的崖体等，根据一系列调查的结果，制定出麦积山石窟塑像、壁画以及崖体的保护方案。

本次合作 2006 年开始，持续至 2010 年底，筑波大学参与调查的人员先后十余次来麦积山，共同开展了地质、植被、光照等方面的调查（图 7-40、41、42、43、44、45、46），共取得了以下成果：

（1）麦积山石窟价值的认识和编年研究；（2）麦积山石窟的环境景观价值；（3）麦积山石窟岩

图 7-40 中日双方业务人员在进行讨论

图 7-41 中日双方业务人员在洞窟上考察

图 7-42　中日双方人员在 57 窟渗水
　　　　点考察

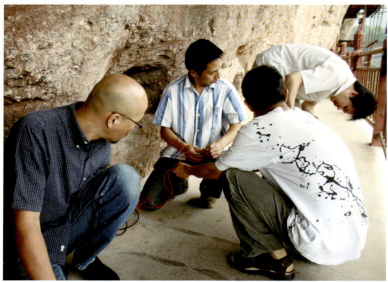

图 7-43　中日双方人员在进行栈道
　　　　震动实验

图 7-44　中日双方人员在对环境进
　　　　行考察

图 7-45　中日双方人员在讨论保护材料

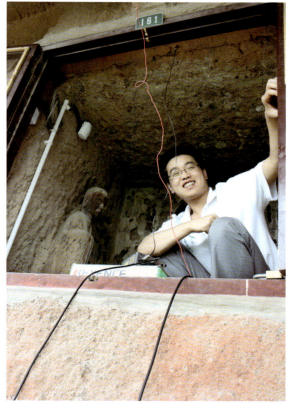
图 7-46　在洞窟内安装检测设备

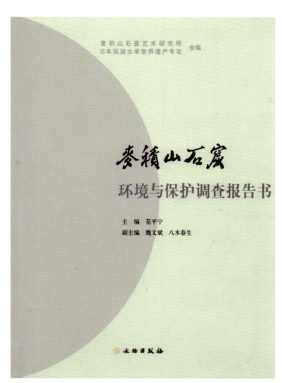

图 7-47　《麦积山石窟环境与保护调查报告书》封面

石的补强试验；（4）修复材料的试验；（5）生物危害性调查；（6）壁画光学分析；（7）栈道震动试验；（8）对部分洞窟进行三维扫描。

2011年8月，双方合作成果《麦积山石窟环境与保护调查报告书》出版（图7-47），汇集了在双方业务人员在保护、考古、环境调查等多方面的研究成果。2013年，该书获得了甘肃省第十三届社会科学优秀成果三等奖！

2. 保护档案

洞窟保护档案是对洞窟内部壁画塑像的保存状态以及各种病害采用多种手段进行科学记录，以作为以后保护管理、病害监测、文物修复的基础资料。

从2005年开始，保护室和敦煌研究院保护所合作，开始对部分病害比较严重的洞窟制定保护修复方案。该方案由文字和病害图两部分组成，文字内容包括：现状调查、气象环境调查、病害机理、

麦积山74窟正壁现状图
图纸编号：T-74-01
比例尺： 0 ___ 50cm
制　图：臧全红 岳永强
时　间：2006年7月

地仗脱落	空 鼓
破 损	鸟粪污染
起 甲	结构性断裂
	裂 隙
塑像倾斜	

图 7-48　74 窟正壁病害图

实验、修复材料和工艺、后期管理等部分；病害图在现场测绘、调查的基础上，后期用 CAD 绘图软件进行处理，形成电子病害图。

此次和敦煌研究院保护所合作，主要目的是从兄弟单位学习先进的保护理念和技术，加强和锻炼我所保护队伍的业务技能。从 2008 年开始，保护室的业务人员对于洞窟调查、病害图绘制等在方法和理论上都已经成熟，特别是对病害图的标注方法，根据麦积山石窟自身特有的病害进行自主创新，遂逐步开展全部洞窟的病害档案建设工作（图 7-48、49）。并于 2012 年底完成了 221 个窟龛的调查和病害档案的建设工作，其内容包括每个窟龛的文字现状及病害描述、现有病害位置及种类矢量图，病害照片。

保护档案的建立，为全面掌握麦积山石窟文物目前的保存现状迈出了重要一步，为科学而有效地保护麦积山石窟奠定了坚实的基础。通过它本身的进一步完善，将能有效地规范我所的保护工作发展。

3. 保护监测

随着文物保护工作的逐步深入，文物环境监测工作也被纳入到工作视野，环境监测工作从简单到深入逐步开展。

（1）对大气环境进行监测

麦积山石窟所保存的文物多数是泥塑造像，这类造像本身质地脆弱，对存在环境较为敏感，为了更好地保存这些文物，对大气环境进行充分的了解也是文物保护的前提之一。为了对大气环境进行科学系统的监测，2005 年，我所建立起自动气象观测站，站点设立在石窟脚下的平台上，其基

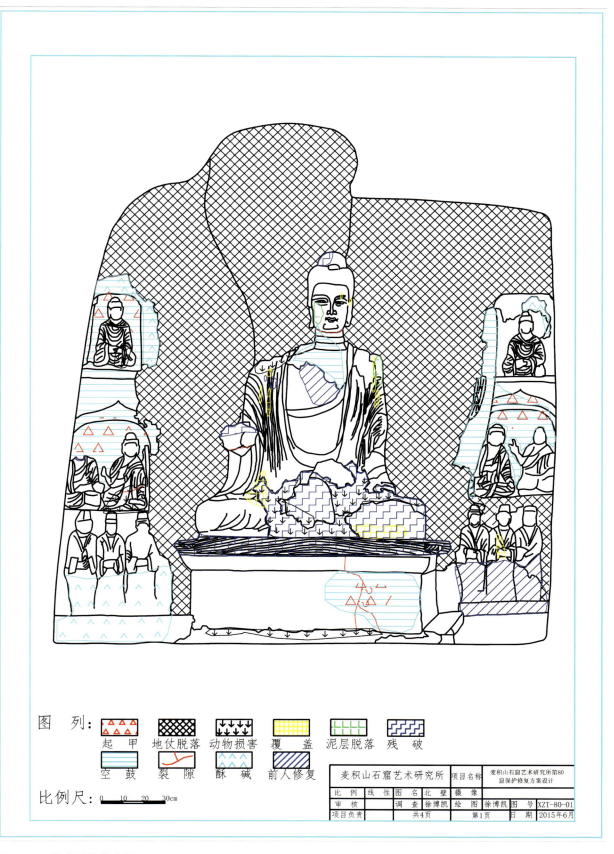

图　列：　　△△△　　　　　　↓↓↓　　　　　　　　　　　

　　　　　　起甲　地仗脱落　动物损害　覆盖　泥层脱落　残破

　　　　　　空鼓　裂隙　酥碱　前人修复

麦积山石窟艺术研究所	项目名称	麦积山石窟艺术研究所第80窟保护修复方案设计
比　例	线　性	图　名　北　壁　摄　像
审　核	调查　徐博凯	绘　图　徐博凯　图　号　XZT-80-01
项目负责	共4页	第1页　日　期　2015年6月

比例尺：　0　10　20　30cm

图 7-49　80窟正壁病害图

本要素是温度、湿度、降水，目前已经进行了多年的观察，积累了大量的基本数据。

（2）对洞窟小环境进行监测

洞窟环境的温湿度根据洞窟类型的不同，受外界影响的程度也各不相同，这个环境是泥质壁画和塑像直接保存的环境，对文物长期保存有着直接影响，对这些洞窟的监测也是工作的重点。从2006年开始，逐年采购了小型温湿度监测设备，放置在洞窟的合适位置，采集数据的间隔统一设定在30分钟，首先对部分潮湿洞窟展开了温湿度监测工作。

目前，已经积累了大量的监测数据，为保护修复工作提供了详实的基础资料。部分数据已经形成了监测报告，并发表在各类刊物上。

4. 生物治理

麦积山石窟位于甘肃省天水市东南小陇山，该区域气候温和、降水量充沛、植被丰富，给各种生物的生存和活动提供了很好的场所，构成了丰富的物种环境。而在石窟附近活动的部分物种却对目前的文物保护工作构成了消极影响，如果不对这些生物进行研究和控制，其对文物的破坏将会进一步加深。如小型哺乳动物、鸟类、昆虫类在洞窟内构筑巢穴、排泄粪便、产卵等，对塑像和壁画都造成了直接的破坏（图7-50、51、52、53）。

经初步调查，对石窟以及古建筑有明显影响的生物种类有昆虫纲半翅目、昆虫纲鞘翅目、昆虫纲鳞翅目、昆虫纲膜翅目、蛛形纲盲蛛目、鸟纲雀形目、哺乳纲啮齿目等多种类型；另外还有多种微生物对壁画、塑像的影响。可以讲，麦积山石窟的生物危害是全国各处文物保护点中最严重的，也是最典型的。

从2007年开始，我所联合甘肃省林学院、小陇山森林病虫害防治站等单位，对麦积山石窟周边的生物环境进行调查，通过科学的调查，对危害石窟文物的各种危害生物的基本情况如种类、危害方式与程度等做到了大致了解，并取得了阶段性的研究成果（图7-54、55、56）。

为了从总体上控制生物对文物的破坏，从2008年开始，生物防治作为日常性的工作进行开展，在昆虫爆发的前一阶段，在石窟附近林区喷洒杀虫剂或者是在林区释放烟剂，对昆虫进行杀灭，取得了一定的效果（图7-57）。

松鼠对洞窟内壁画和塑像的潜在威胁性比较大，在防治方面，采用综合性的手段减少其物种数量，如化学灭杀、鼠类不育剂等，力求将破坏减少到最小程度（图7-58）。

5. 文物修复和勘察资质

这个阶段，文物修复工作按年度正常进行，对23、24、93、195、161、82、54、91、124、113、148、1、2、80窟等窟的壁画、塑像进行了修复。期间还独立承担了仙人崖南崖的壁画、塑像修复以及和敦煌研究院合作开展了15、20、22窟等窟的修复工作。

塑像的解体修复是这个时期比较成熟的修复工艺，这种修复是针对塑像内部的骨架以及完全断裂或糟朽，已经无法承担塑像重量，需要对内在的木骨架进行更换。这种情况，选择塑像背部解剖开粗糙泥层，将内部糟朽断裂的骨架抽出，然后选取和原骨架材质相同的木材换取原来的骨架，并且采用适当方法将新骨架和塑像头部的木桩结合在一起。之后，使用修复用泥将骨架和原有的泥层

图 7-50 74 窟佛腿部被破坏情况

图 7-51 熊蜂对窟门的破坏

图 7-52 熊蜂对木质结构内部的破坏

图 7-53　被鼯鼠粪便污染的塑像

图 7-54　甘肃农业大学专业人员在调查虫害

图 7-55　业务人员在对石窟周边环境进行调查

图 7-56　甘肃农业大学及林学院人员在对标本进行鉴定

结合在一起（图 7-59、60、61）。

　　半陶质壁画是指壁画经过高温烘烤后表面硬化，形成类似陶质的质地，但壁画内层却仍保持着泥质的原状，这种壁画相对于一般性的壁画，表面强度高，但是却容易在外力在作用下产生破碎。修复难度增大。麦积山第 1 窟就是这种类型壁画。这种壁画总体的修复工艺和泥质壁画修复差别不大，但是在具体修复过程中操作难度很大，在壁画支顶等过程中稍用力过度就是产生破坏性后果，所以在修复之前就制定了严密的修复方案，对操作的细节过程反复模拟（图 7-62、63、64），最终

图 7-57　在林区释放杀虫烟幕

图 7-58　在窟区周边设置的松鼠投饵器

图 7-59　造像内部骨架糟朽

图 7-60　修复过程中的造像

图 7-61　库藏弟子造像的修复

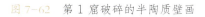

图 7-62　第 1 窟破碎的半陶质壁画

图 7-63　对半陶质壁画进行挂麻修复

达到完美的结果。

　　仙人崖石窟南崖造像存在多种病害，为了防止病害进一步发展，麦积区文化局上报省文物局。经研究，省文物局决定让我所承担南崖修复任务，由保护室承担。在制定修复方案前，保护室派出业务人员对环境、材料、结构等进行全面的调查，深入了解的病害的成因。方案总体上依照不改变

图 7-64　半陶质壁画修复后效果

文物原状以及原材料、原工艺的技术路线进行，在具体技术措施上根据文物病害的具体情况进行了调整（图 7-65、66）。

仙人崖生活条件艰苦，为了保障工作时间，修复人员就近借住在简陋的僧房里，饮食也是因陋就简，工作条件艰辛异常。通过 6 个月的努力，克服了种种困难，圆满地完成了修复任务，并通过了省文物局组织的专家验收。

15、20、22 窟的修复工作是我所与敦煌研究院文物保护技术服务中心合作完成的修复工作。这三个洞窟修复项目是国家文物局批复的项目资金，我所虽然有成熟的修复技术，但未获得文物工程施工资质，故在项目审批、资金拨付等方面存在困难，在这种局面下，采取和敦煌研究院文物保护技术服务中心合作的模式开展这些洞窟的修复工作（图 7-67、68）。

该修复项目自 2011 年 7 月开始，敦煌研究院文保中心派驻修复人员进驻现场，按照双方共同制定修复方案对洞窟内壁画空鼓、起甲、边缘脱离、生物排泄物污染、造像结构空腔、岩石风化等多种病害进行了修复。在整个修复过程中，双方技术人员共同讨论，对修复材料、修复工艺、修复现场管理等多个层面进行了现场的分析和交流，我所的修复队伍也在这个过程中在操作技术以及修复理论等方面得到提高，对以后承接大型的文物保护项目奠定了基础。

2011 年 3 月，经甘肃省文物局审核，麦积山石窟艺术研究所获得乙级文物勘查设计资质《甘

图 7-65 仙人崖南崖修复工程

图 7-66　仙人崖南崖修复现场

图 7-67　对 22 窟空鼓壁画进行灌浆

图 7-68　22 窟壁画地仗缺失部位的修复

文局发〔2011〕21 号》（图 7-69）。标志着麦积山石窟研究所在文物保护勘察设计工作方面取得的成绩被上级管理部门认可。随着保护理念逐步深入以及人员知识结构不断更新，技术人员组成结构的完善，保护工作专业分工更加细致。目前，施工资质正在申报之中。

6. 2008 年抗震工作

2008 年汶川地震影响全国，麦积山石窟山体有明显的晃动和震颤，在对洞窟文物检查中，没有发现倒塌之类的严重破坏。但是震后余震不断，并且地震带有向西移动的倾向，为了确保洞窟文物安全，全所动员，开展洞窟文物防震工作。

防震工作的主要对象是大型塑像，这些塑像在地震中已经有前倾现象，为了预防塑像在可能地震中倒塌破坏，紧急采购木料，组织力量对这些塑像进行支顶保护。对 9、4、5、2 窟等的数十身大型造像进行了临时支顶，确保了文物安全（图 7-70、71）。

文物保护工程勘察设计
资质证书

单位名称： 麦积山石窟艺术研究所

资质等级： 乙级

业务范围： 泥质塑像、壁画保护

证书编号： 甘文物设乙字1211SJ005

发证机关 甘肃省文物局

2015 年 12 月 20 日

有效期： 5年

国家文物局制

图 7-69　麦积山石窟艺术研究所获得文物保护工程勘察设计乙级资质

7. 申遗相关建设工程

2009 年，为配合麦积山石窟创建 5A 景区的工作，所内自筹资金一百多万元，按照《麦积山石窟保护规划》中关于对位于餐厅旁边原建于 20 世纪 70 年代的老旧办公用房和气象室进行拆除重建的相关内容，报经省文物局批准，对其进行了拆除重建，建成了与瑞应寺古建筑群相协调的仿古钢混结构单层办公用房 31 间，缓解了所内办公用房的不足。为配合麦积山石窟申遗工作，在省发改委和省文物局的支持下，向国家发改委申报了《文化遗产地麦积山石窟保护建设项目》，项目共投资 2900 多万元，包括对瑞应寺广场的改造建设工程、栈道加固维修工程和在麦积区马跑泉镇新建麦积山石窟艺术研究所办公科研基地工程。历经 8 年，已完成了瑞应寺广场改造项目的管理用房及保护办公室的建设工作，所内原有的两栋办公楼的拆除工作，以及科研基地建设工作和部分栈道加固维修工作。

（三）考古调查

为进一步加强麦积山石窟的基础研究工作，特别是做好麦积山石窟分期断代及周边地区考古调

图 7-70 工程队在加固 4 窟大 　　图 7-71 工程队加固 163 窟壁画
　　　　　型塑像

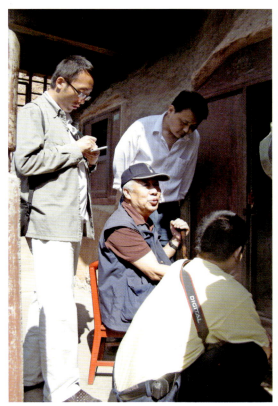

图 7-72 马世长老师指导考古调查工作 　　图 7-73 考古室人员在 3 窟进行调查

查研究工作，2005 年从资料室、美术室、接待室等相关部门抽调业务人员成立考古研究室。

　　考古室的主要工作任务是麦积山石窟的内容总录的编写工作，业务人员在北京大学马世长老师的指导下，从记录洞窟基本数据开始（图 7-72、73、74），逐步地开展全面工作。

图 7-74　考古室人员在室内整理标本

图 7-75　在 4 窟搭设高空脚手架

1.4 窟上方遗迹和崖下坍塌洞窟调查

　　东崖 4 窟是麦积山外观体量最大的洞窟，其上方位置也有考古遗迹，但因为距离过高、正常情况下难以到达，所以考古调查工作一直处于空白阶段。2007 年，考古室决定采用高空脚手架的形式对 4 窟上方崖面进行探查。

　　2007 年 4 月，脚手架从 4 窟栈道上向上延伸，最终高度近三十米、十三层的脚手架耸立在崖面上，使人员可以到达最高位置的大型桩孔位置，成为崖面上惊悚的景观。因对不同位置探查的需要，这个大型高空脚手架先后搭设了四次（图 7-75、76）。

　　在高空位置，业务人员除了对桩孔、横槽等遗迹进行现场调查和数据测量外，还有重要的考古发现，在横槽位置发现有小型石雕坐佛一尊，另外在横槽的东侧位置，发现有南宋时期的长篇墨书题记，这些对于麦积山石窟考古具有重要价值。

　　由于历史时期地震，麦积山石窟崖面中区下方有大量坍塌堆积物，一直未在考古学方面引起重视，其中在草坪位置还可见几个坍塌洞窟的残迹，洞窟形制、基本尺度等非常明显。此次也对这些遗迹进行了调查（图 7-77）。

　　麦积山石窟的编号是从 1953 年的中央勘察团时期奠定，当时将洞窟编为 194 个，长期沿用。在调查中，业务人员将王子洞窟区的 15 个洞窟给予编号，同时将西崖下坍塌区的洞窟以及崖面上原附属于其他洞窟的小龛，都给予单独编号，至此，共计编号 221 个洞窟，麦积山石窟的编号终于完备。

2. 舍利塔的发掘工作

　　2008 年汶川大地震，位于麦积山山顶的舍利塔塔身出现了明显的裂缝，塔身倾斜，极需施工

图 7-76 4 窟高空脚手架外景

图 7-77　西崖下坍塌的窟龛

图 7-78　对舍利塔进行拆除维修

抢救保护。在征得省文物局的同意后，决定对该塔进行整体落架拆除修复，同时对舍利塔及地宫进行考古发掘工作。2009 年 4 月发掘工作正式开始，到 6 月底结束，历时 3 个月。在塔刹中心部位发现了清代重修时所遗留的净瓶、砂金、五谷等供养物；在塔基地宫内发现了北朝晚期石刻造像十余件，及宋代的铜钱数十枚。从出土文物及麦积山现存碑刻资料判断，石刻造像是在宋代埋藏，清代对该塔又进行了重修。所出土文物可分为砖瓦类、钱币、陶瓷类、石刻造像碑等。其中石刻造像碑是此次发掘最重大的发现：在塔身第一层内部共发现石刻造像计 9 件，其中两铺造像为双身造像形式。经过初步鉴定应为西魏至北周时期的石刻造像（图 7-78、79、80）。

这次考古发掘工作，是麦积山石窟自 20 世纪 40 年代被重新发现后所进行的一次重要的考古发掘，对于麦积山石窟的重修及瑞应寺的历史传承和沿革都具有重要意义，对于中国佛教史上宋代佛塔地宫瘗埋的研究也具有重要的参考意义。

3. 东西崖大佛测绘

东崖 13 窟和西崖 98 窟中的主尊是麦积山石窟最大的造像，由于体量巨大，长期以来一直没有进行测绘。2009 年和 2010 年，考古室组织人员对这两组大型造像进行了测绘。

由于现场条件，测绘用的大型脚手架不可能一次性搭设到位，这就给测量数据以及图纸合并造成了困难。

图 7-79　舍利塔内部造像出土

图 7-80　舍利塔内部石刻造像全景

为了准确地反应造像全貌，测绘人员在实践中利用造像两侧的栈道以及上方的合理点位，确定了数条纵横测绘基线，并且在测绘过程中测绘基线保持固定不变。

大型造像的测绘和一般的洞窟测绘相比，难度增加很多，在脚手架上反复上下不但危险且耗费体力；其次是距离过于贴近，无法看到造像线条曲折变化的全貌。但测绘的人员克服各种困难，高标准完成了测绘任务（图 7-81、82）。

图 7-81　对东崖大佛进行测绘　　　　　　　　　　　　　图 7-82　对西崖大佛进行测绘

图 7-83　在武山禅殿寺调查途中

图 7-84　在陇南佛爷崖勘察碑刻

图 7-85　在秦安迦叶寺调查

4. 中小石窟第二次普查

在第三次全国文物普查中，各地区的文物管理部门陆续又发现了一些新的石窟点，在这种情况下，2011 年，甘肃东部地区的中小石窟调查工作再次启动，对各地新登记的石窟地点进行调查（图 7-83、84、85、86、87、88、89）。

这些新发现的小型石窟，多数都位于非常荒僻的深山野谷，道路异常艰难，有些位置由于乡镇合并、村庄搬迁、道路塌方等已经无道

图 7-86　在华亭什民石窟调查

图 7-87　调查人员临崖涉险

图 7-88　在陇南调查时涉水过河

图 7-89　调查组在野外调查时合影

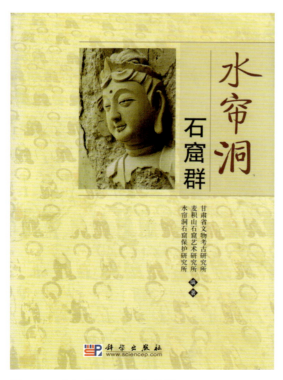

图 7-90　《水帘洞石窟群》封面

路可寻，车辆难以前进，无奈只得徒步在泥泞中前行。早出晚归、风餐露宿更是家常便饭，但是调查组的同志们不畏艰难、克服多种困难，历时五个多月，对陇南、庆阳、平凉等地区的新发现中小石窟进行详尽勘察，圆满地完成了野外调查任务，进入室内报告整理阶段。

（四）图书出版工作

武山水帘洞石窟是甘肃东部中小石窟中规模比较大的石窟群，由水帘洞、拉稍寺、千佛洞、显圣池等四个单元组成，保存大小窟龛 73 个，造像 58 身，壁画 700 多平方米，舍利塔 7 座。为了更全面地反映石窟的全貌，在中小石窟调查资料的基础上，《甘肃中小石窟调查报告·水帘洞石窟群》于 2005 年底启动，由甘肃省文物考古研究所和麦积山石窟

图7-91 《麦积山石窟研究论文集》封面　图7-92 《瑞应寺遗珍》封面

艺术研究所共同组织人员编写，2008年由科学出版社出版（图7-90）。

　　长期以来，各方学者对麦积石窟的研究都是比较散乱地发表在各种期刊、书籍上，不利于学者集中查阅和研究。1980年，所内组织人力收集编写了《麦积山石窟资料汇编·初集》，原计划以后的阶段定期编写，但未能成行。1993年，该项工作再次启动，通过长时间的资料收集和遴选，《麦积山石窟研究论文集》于2006年出版，收集的论文从1941年冯国瑞先生考察麦积山石窟开始到2002年公开发表的论文共66篇，代表了各个阶段的研究水平。另外有85篇论文因篇幅所限，作为存目以供参考（图7-91）。

　　瑞应寺是麦积山石窟的附属寺院，在宗教活动中保存了各种古代文书、绘画、经卷等资料1500余件。2003年10月，北京大学马世长教授在资料室观览了这批资料后，认为是弥足珍贵，建议遴选出其中价值比较高的文书资料出版，定名为《瑞应寺遗珍》。2008年由甘肃人民出版社出版。该书首次披露并重点介绍一批麦积山藏古代文书，对研究明清时期秦州地区佛教以及与周边地区佛教文化交流有较高的价值（图7-92）。

　　日本学者东山健吾先生长期关

图7-93　接受东山健吾先生的捐款仪式

图 7-94　日方数字化现场

图 7-95　朗视公司人员在考察洞窟

注麦积山石窟，在 20 世纪 60 年代就曾调查过麦积山石窟，对麦积山石窟有极深的感情。2005 年 5 月，东山先生到麦积山考察时，决定捐助 100 万日元用于编辑出版一部麦积山石窟论文集（7-93），并请马世长教授作为主编。邀请 18 位中国和日本学者撰稿，就麦积山石窟的年代、图像以及与其他石窟之间的关系等展开了调查与研究。2009 年 10 月，该文集由文物出版社出版，是麦积山石窟多年来研究水平较高的一本论文集。

（五）文物数字化工作

麦积山石窟的数字化工作是从和筑波大学合作时开始的（图 7-93），之后又和北京凸版数字有限公司合作完成 2009 年度国家文物局课题《麦积山石窟数字化技术应用研究》，这些工作都奠定了后期开展数字化工作的基础。

2010 年，通过多次的洽谈，东方道迩信息技术有限公司免费进行部分洞窟以及崖面扫描，制作数字化图像。主要工作内容为：（1）获取西崖 98 窟摩崖佛像及周围部分崖面的三维数据、影像数据；（2）获取 76、115 窟彩色模型数据；（3）扫描部分外崖面正射影像。

武汉朗视软件有限公司和武汉大学遥感信息院联合成立了数字摄影测量与计算机视觉研究中心，于 2006 年开发出具有自主知识产权的技术产品——基于近距摄影影像进行测量的多基线数字摄影测量软件，该技术运用领域广泛，其中之一就是应用于数字考古绘图，即通过近景摄影测量获得图像数据，利用软件绘制数字考古线描图，在重庆大足石刻等地已经展开了成功的合作。2011 年，经商议，该公司与我所达成协议，先期对 44、74、78、102、123、142、165 窟等 7 个特级洞窟进行数字化测绘工作，具体工作由华宇公司进行实施。此后几年，该工作连续开展，准备对全部的洞窟进行数字化扫描和测绘（图7-94、95、96）。

文物数字化目前已经成为一种趋势，其应用范围包括文物保护、档案建设、考古、美术临摹、遗产监测、宣传展示等多个方面，相信数字化工作在麦积山石窟的深入展开，必将带动各个方面的工作向更快更好的方向发展。

（六）第一次可移动文物普查工作

为了全面掌握和科学评价我国文物资源情况，从2012年10月至2016年12月，国家文物局开展了第一次全国可移动文物普查工作，麦积山石窟馆藏的文物按照全国统一标准开展。

此时正是麦积山石窟申报世界遗产的关键时期，原有文物库房拆除，全部文物装箱封定后放置在临时文物库房，工作条件狭小且不具备摄影、电子录入基本条件。尽管如此，工作人员还是克服各种困难，在现有条件下逐年开展工作，至2015年下半年，我所已经全面完成第一次可移动文物的普查工作（图7-97、98）。

图7-96　华宇公司数字化现场（9窟）

（七）美术临摹工作

在20世纪八九十年代，洞窟壁画临摹或是雕塑复制，都是美术室的业务人员根据自身情况选择性地临摹，对于临摹的方向、任务、缺少总体布局和指导，对于临摹品用于文物临摹品存档之外的陈列、展览、宣传等方面的用途都少有考虑。这样就造成了虽然临摹的作品很多，但是针对一个洞窟的整体性临摹却没有，都是单幅的壁画或者是不完整的造像组合，在对外的陈列展览时就很难把一个整体洞窟的面貌展现给观众。为了改变这个局面，使麦积山石窟的造像和壁画在后期的展览

图 7-97　对库藏文物进行可移动文物普查

图 7-98　对库藏文物进行摄影采集数据

中能发挥更大的作用，在这个时期提出了"整窟临摹"的概念，对一些有代表性洞窟内的壁画和造像进行整体临摹，如以壁画为主的 127窟、26 窟、27 窟和以塑像为主的 62 窟、44 窟、123 窟等，都进行了整体性临摹（图 7-99、100、101、102、103、104、105）。

进入 21 世纪，是麦积山石窟文物保护工作高速发展时期，在世界文化遗产申报工作的背景下，开展了大量卓有成效的工作，文物保护、考古调查、美术临摹等常规性工作深入开展，而新开展的对外合作、数字化等工作也都保持着快速发展势头，在学术研究方面，也是一个引人注目的发展阶段，每年度业务人员在各种期刊、会议上发表的论文等平均在 20 篇左右，这些都是各项业务发展的直接表现。

现今，麦积山石窟艺术研究所站在一个新的起点，世界遗产申报成功以及国家政治经济的发展，为石窟的保护等带来新的机遇，但是也面临着新的挑战，我们将需要解决一些新的课题：世界遗产监测是我们面临的新课题，由于各个遗产地自身的保护对象以及管理条件都不相同，所以我们难以从其他单位直接汲取经验，只能是依据自身的实际情况来制定麦积山石窟遗产监测管理，以确保管理工作逐年提升，符合中国文物保护管理以及世界遗产管理的要求。在文物保护修复方面，一些简单的文物病害已经得到妥善的保护修复，但是一些疑难性的文物病害尚待我们用新的文物保护理念和保护材料进行解决，如潮湿条件的修复材料问题、空腔型塑像的修复问题、窟檐的复原问题以及保护成果的理论化、科学化问题等，都是需要我们下功夫去解决的问题。在考古研究方面，麦积山的初期洞窟年代、分期、与其他石窟群以及地区之间的文化交流等问题也都是困扰着多年的问题，都需要加快解决。逐年增长的游客量和狭窄的高空栈道之间已经形成了不可调和的冲突，如何根据自身情况创新出新的游客管理与参观模式也是必须要在短时期内解决的挑战。同时，麦积山石窟作为世界遗产地，对外的合作交流也必须进一步扩大，要有面向世界的开放性格局和胸怀。

图 7-99 4 窟 6 龛菩萨（复制品）

图 7-100 135 窟菩萨 (复制品)

图 7-101　12 窟弟子（复制品）

图 7-102　第 26 窟《涅槃经变》(临摹品)

图 7-103　第 127 窟《舍身饲虎》(临摹品)

图 7-104 27窟《伎乐飞天》(临摹品)

图7-105 第127窟《西方净土变》（临摹品）

　　虽然，我们面临诸多的挑战，但是，我们也是逐步解决了一个个的挑战而走到今天的。所以，今后的道路我们也必定能坦然地面对这些挑战，战胜每个挑战。我们将会以不懈的努力不断前进，不断迎接挑战，将麦积山石窟的文物工作不断地推向更高、更远的新纪元。

　　路漫漫其修远兮！吾将上下而求索！相信麦积山石窟的未来将会更好、更强！

附录　麦积山石窟大事记

◎ 1941 年农历四月初八，天水学者冯国瑞首次到麦积山考察，以"对证古本"的方式来寻找古迹，抄录碑文，勘察地理环境，并对洞窟做了编号。随后写成《麦积山石窟志》，由陇南丛书编印社石印发行。此为麦积山石窟现代考察研究之发轫。

◎ 1943 年秋，王子云先生带领西北艺术文物考察团考察麦积山石窟，绘制了麦积山石窟洞窟分布图，并且对东崖可以登临位置的碑刻进行了拓印，后行文报告国民政府教育部。

◎ 1944 年 2 月，冯国瑞偕同刘文炳教授再次上麦积山石窟考察。这次考察，主要完成石窟的编号及测绘工作。随后写成《调查麦积山石窟报告书》，提出研究和保护方案，并呈报甘肃省政府。

◎ 1945 年，冯国瑞将东崖洞窟情况整理并在《和平日报》上报道。

◎ 1946 年 9 月，邓宝珊拨付资金对麦积山石窟进行修缮。

◎ 1947 年初，冯国瑞先生邀请天水县长方定中上山考察，并联合地方有识之士成立了"天水麦积山石窟建修保管委员会"，拟定对有重要史迹洞窟的补修计划。

◎ 1947 年 2 月 10 日，冯国瑞请来当地木匠文得权，"挟长板，架败栈间，递接而进，

至穷处，引索攀援"，发现了麦积山最大的洞窟（现编号 133 窟）。冯先生依据文得权的口述，认为此洞即是五代王仁裕《玉堂闲话》中描述的万菩萨堂。

◎ 1952 年 10 月，以常书鸿先生为首的西北文化部麦积山石窟考察团对麦积山石窟考察，并进行石窟编号，共计 157 个。

◎ 1953 年 7 月，以吴作人为首的中央文化部麦积山勘察团对麦积山石窟进行考察，为期一月有余。在西北考察团编号的基础上，对洞窟号进行了续编，共计 194 个洞窟。

◎ 1953 年 9 月，天水专员公署决定，成立了天水麦积山文物保管所，10 月初，麦积山文物保管所的印章正式由天水行署刊刻并将印样报甘肃省文化局，标志着麦积山石窟文物保管所正式成立，隶属天水县文教局。

◎ 1954 年 9 月，麦积山文物保管所报文天水行署，拟修整瑞应寺天王殿。天水行署因资金缺乏，于 10 月报文甘肃省文化局和财政厅，省文化局拨款对天王殿屋面进行了重修。

◎ 1955 年下半年，文管所申请资金开展了中七佛阁（9 窟）、千佛廊（3 窟）等位置栈道的修整工作。

◎ 1955 年 8 月，甘肃省文化局派遣岳邦湖、孙荣廷等同志调查麦积山附近的仙人崖、

石门等处的文物资源，麦积山文物保管所所长王振东配合了此次调查。

◎ 1961 年 3 月 4 日，国务院公布第一批全国重点文物保护单位，麦积山石窟名列其中。

◎ 1962 年 2 月 10 日，甘肃省向文化部报送甘肃省第一批全国文物保护单位保护范围，文化部 3 月 23 日（62）文物齐字第 357 号文件批复同意，遂下达各单位，要求依照国务院发布的《文物保护管理暂行条例》第五条至第十二条的各项规定认真贯彻执行。

◎ 1962 年初，为了进一步做好麦积山石窟的保护和接待工作，在甘肃省文化局的协调下，麦积山文物保管所划归天水县人民委员会管理。

◎ 1962 年 8 月，请郭沫若题写"天水麦积山文物保管所"挂牌。

◎ 1962 年 12 月，甘肃省文化局派专人对麦积山的管理体制、资产、文物等进行调查，调查研究后决定将麦积山文物保管所的隶属关系由天水县人民委员会改为甘肃省文化局。省文化局从敦煌文物研究所调张学荣到麦积山石窟任所长。

◎ 1963 年 6 月，国家文物局局长王冶秋考察麦积山石窟，因暴雨导致道路塌方在麦积山小住数日，对石窟现状以及管理工作有了全面了解。之后，国家文物局对麦积山石窟各项工作的支持日益加强。

◎ 1963 年，麦积山文管所对瑞应寺各个建筑的屋面、墙体等进行维修，从根本上改变了荒山野寺的面貌。

◎ 1963 年后半年，国家文化部相继派出文物保护、地质、工程、水文、岩土等多个方面的专业技术人员到麦积山石窟考察山体稳定性以及可能的加固方案。并根据专家建议，经上报甘肃省文化局批准，确定在麦积山西崖下建立一座气象站。麦积山石窟加固工程的序幕自此拉开。

◎ 从 1964 年开始，逐年进行栈道架设和维护工作，至 1966 年，天桥栈道架通，麦积山全部洞窟都可以到达。同时还在天桥和西上区上方架设了铁皮护檐，防止雨水对洞窟文物的破坏。洞窟门窗也逐步安装到位，减少了自然环境以及游人对洞窟文物的破坏。同时，在上级部门的指导下，洞窟文物建档等业务工作相继展开。

◎ 1965 年，利用寺院西厢房的后坡位置加盖了 9 间住房，主要用于栈道维修人员的住宿。这些住房作为管理用房在后期的管理中起到了重要作用。

◎ 1972 年西崖靠下位置的栈道全部修通以后，张学荣先生逐步整理资料，对这个区域洞窟进行调查，从文字记录、测绘图、照片等方面整理。后《麦积山石窟新通洞窟》在 1972 年《文物》第 12 期上发表；这是麦积山石窟文管所本所人员第一篇发表的学术论文，可以称为考古研究的发轫之作，有标志性的意义。

◎ 1972 年 6 月，国家文物局对麦积山石窟加固方案正式立项，工程技术人员在长期调研的基础上提出三个加固方案：第一方案是东崖加固，措施是粘、锚、顶、罩，西崖文物搬迁；第二方案是东西崖都加固；第三方案是对东西崖裂隙危岩进行临时性抢险加固。国家文物局于 1973 年批准采用第一个方案。

稍后根据业务人员意见，将方案调整为"锚杆挡墙、大柱支顶、化学灌浆黏结"。

◎ 1972 年 6 月～1977 年，麦积山文管所组织力量，开展加固工程前期的"三通一平"工作，架通高压电线、连通水路、拓宽山间道路、平整施工场地，同时修建文物库房、施工人员宿舍等辅助性房屋。为了保存原始资料，在加固工程开始之前，拍摄了麦积山石窟原始外貌以及洞窟内部文物照片。同时对西崖下的施工场地进行了考古发掘。

◎ 1975 年初，工程施工前期实验人员陆续进场，展开各种相关的试验。在试验过程中，承担工程科研任务的甘肃省建筑科学研究所，成功进行了锚杆锚固试验。工程技术人员认为"喷锚支护"也可以用到麦积山的加固，逐渐形成共识：在麦积山加固工程中采用"喷锚支护"技术是完全可行的，很快获得国家文物局批准。

◎ 1977 年初，甘肃省建筑工程第五分公司施工小队进驻现场，标志着麦积山石窟加固工程正式开始。

◎ 1978 年 5 月，就工程使用预应力锚杆还是非预应力锚杆的事宜，中国科学院地球物理研究所陈宗基教授听取汇报后明确指出：加固麦积山唯一正确的办法是锚杆锚固和灌浆黏结，对于危岩采取打斜锚杆的办法加固。至此，麦积山石窟加固工程以非预应力锚杆为主的"喷锚支护"加固方案最终确定。

◎ 1977 年 8 月，利用工程搭设的脚手架，开始对 98 窟摩崖大佛进行维修，于 1978 年底完成修复工作。

◎ 1979 年春，开始对东崖大佛进行修复，至 1980 年秋完成修复工作。

◎ 1980 年，麦积山艺术研究会成立，首任会长张学荣，副会长李西民、张兆鹏。研究会主要任务是在麦积山文物保管所人力不足的情况下，让更多的学者参与到石窟研究中。

◎ 1980 年，所内组织人力收集编写了《麦积山石窟资料汇编·初集》。

◎ 1981 年，西崖加固基本完成，开始加固东崖。

◎ 1984 年 4 月，麦积山石窟维修加固工程全面竣工。完成的主要工程量：喷护总面积 9100 平方米，其中打锚杆 2300 根，总进尺 12500 米；架设钢混结构新栈道 1000 米。同年 7 月，在天水召开了工程鉴定及竣工验收会议。麦积山石窟维修加固工程得到与会代表的高度评价与赞扬。会议通过了工程鉴定与竣工验收。

◎ 1984 年，为了适应开放后的形式，成立保护、资料、接待、美术、人事、办公、保卫等科室。

◎ 1984 年 10 月，阎文儒主编《麦积山石窟》由甘肃人民出版社出版。

◎ 1985 年，拆除了瑞应寺对面的戏楼（三间两层），建设了新接待室。

◎ 1986 年 3 月，"天水麦积山文物保管所"更名为"天水麦积山石窟艺术研究所"，提升为县级建制。

◎ 1986 年 5 月，"麦积山石窟艺术精品展"开始在本所文物陈列室展出。

◎ 1987 年 5 月，《中国石窟·麦积山石窟》大型精装图册由日本平凡社出版。该图册由文物出版社于 1998 年出版中文版。

◎ 1987年7月，开始进行麦积山石窟藏古代文书的整理工作。

◎ 1987年9月，《中国美术全集·绘画编·麦积山等石窟壁画》大型精装图册由人民美术出版社出版。

◎ 1987年，购置去湿机放置在127、133等大型洞窟中，定时开启，降低洞窟内部的湿度。

◎ 1988年，为了扩展敦煌研究院和麦积山石窟艺术研究所两个单位业务人员的视野，两个单位之间的业务人员分批开展了对调交流活动，每批为期一个月。

◎ 1988年，为了适应新的管理形式以及改善办公条件，在石窟对面位置修建两栋办公楼，上下两座，均为三层，大屋顶形式，仿唐代的叠瓦脊和仰覆瓦屋面。

◎ 1988年12月，《中国美术全集·雕塑编·麦积山石窟雕塑》大型精装图册由人民美术出版社出版。

◎ 1990年5月，选送泥塑、石雕、壁画原作20件，赴兰州参加为期一周的"甘肃省文物精品展"。

◎ 1990～1993年，选送雕塑复制品10件、壁画临摹品7幅，赴西安参加陕西省博物馆举办的"汉唐丝绸之路文物展"。

◎ 1992年1～4月，为了庆祝中日邦交正常化20周年，国家文物局组成代表团访问日本，"中国麦积山石窟展"随团赴日本东京、大阪、京都、横滨等四个城市展出。

◎ 1993年9月20～23日，为纪念麦积山石窟艺术研究所（原为文物保管所）建所40周年，在麦积山举行了为期三天的庆典活动。

会议期间，还举行了于右任撰联碑的揭幕仪式。

◎ 1996年，《石窟文物保护技术措施综合研究——麦积山石窟渗水成因分析及治理方案》通过国家科学委员会立项。2002年，国家文物局拨款50万对此项工程开展实施，2003年5月，工程正式开始施工。

◎ 1996年下半年，在时任国务院副总理朱镕基的指示下，麦积山周边开始退耕还林工作，逐步恢复石窟周边的原始生态。

◎ 从1998年7月开始，采用毛发式自动温湿度记录仪对洞窟的温湿度进行连续性的记录。同时，对山体渗水也进行了观测工作。

◎ 1999年开始，研究所组织协调相关单位编制设计麦积山石窟的安防工程计划，经层层审批论证，该工程于2002年12月被国家文物局立项，2003年，该工程正式开始施工。该工程的施工，标志着麦积山石窟安全保卫模式从单一的人防转换为人防和技防相结合的模式。

◎ 2000年，洞窟档案建设工作开始进行逐窟、逐壁面调查登记，该工作历时四年，至2003年底，完成了全部洞窟的调查工作。

◎ 2000年，麦积山石窟瑞应寺修缮工程获得国家文物局审批立项，拨专款进行维修。2001年4月，工程正式开始。施工、监理等都聘请相关有资质的单位进行，以确保文物工程的质量。同时保护室配合工程，对大雄宝殿的壁画进行了修复。工程于2002年10月完工。

◎ 2001年8月，派遣业务人员参加天水市政府双遗产项目申报工作。

◎ 2002年，利用甘肃省计划委员会国债资金对广场进行了重新铺装。

◎ 2002年10月，依托天水市政府建立的天水在线网络平台，麦积山石窟艺术研究所网站正式建立。11月，成立了学术委员会，并建立了学术奖励制度以及编辑《所内年报》。

◎ 2002年10月，出于文物安全考虑，将王子洞塑像搬迁到文物库房，并进行修复。

◎ 2003年10月，启动《甘肃省中小石窟调查》项目，总体上以兰州为界分为东、西两个片区。西部片区由敦煌研究院承担调查工作，东部片区由麦积山石窟艺术研究所承担调查工作。麦积山石窟艺术研究所抽调了考古、绘图、摄影等专业人员组成了调查组，对甘肃东部的中小石窟开展调查工作，2005年顺利地完成了调查任务。

◎ 2003年11月，派员参加国家文物局"文物保护单位四有档案建设工作"培训班。麦积山石窟的四有档案建设工作随即展开。

◎ 2003年3月，甘肃省文物局开展馆藏文物数字化工作，麦积山石窟艺术研究所由于具备相应的人员力量，所以此项工作由我所在甘肃省文物局指导下自行开展。至10月份就完成全面信息采集和录入工作。

◎ 2004年，国家文物局依照"线性文化遗产"的概念，启动了"京杭大运河"和"丝绸之路"两项文化遗产项目。其中"丝绸之路"是和中亚五国联合申报，麦积山石窟是备选文物点之一，麦积山石窟的申遗工作进入到了实质阶段。

◎ 2005年，从资料室、美术室、接待室等各个相关部门抽调业务人员成立考古研究室，主要工作任务是石窟内容总录和考古报告的编写。

◎ 2005年11月，在西崖草坪位置建立了三要素（温度、湿度、降雨）气象站。

◎ 2005年12月，麦积山石窟艺术研究所和日本筑波大学签订合作环境调查协议。内容涉及地质构造、岩石结构、植被、水文、光照、温湿度等，并密切联系洞窟塑像及壁画以及所依附的崖体等，根据一系列调查的结果，制定出麦积山石窟塑像、壁画以及崖体的保护方案。至2010年，完成第一阶段的合作工作，取得了诸多成果。2011年8月，双方合作成果《麦积山石窟环境与保护调查报告书》出版，汇集了双方业务人员在保护、考古、环境调查等多方面的研究成果。2013年，该书获得了甘肃省第十三届社会科学优秀成果三等奖！

◎ 2005年，保护室和敦煌研究院保护所合作，开始对部分病害比较严重的洞窟制定保护修复方案。2008年，保护室的业务人员对于洞窟调查、病害图绘制等在方法和理论上都已经成熟，遂逐步开展全部洞窟的病害档案建设工作。

◎ 2005年底，启动《甘肃中小石窟调查报告·水帘洞石窟群》项目，2008年，该书由科学出版社出版。

◎ 2006年，采购了小型温湿度监测设备对洞窟小环境开展监测。

◎ 2006年8月，《麦积山石窟研究论文集》出版，该论文集收集了从1941年冯国瑞先生考察麦积山石窟开始到 2002 年公开发表的论文共 66 篇，代表了麦积山石窟各个阶段的研究水平。

◎ 2007 年 8 月，国家文物局丝绸之路申遗考察团对麦积山石窟进行实地考评。

◎ 2007 年 9 月，利用瑞应寺建筑布置的《麦积山石窟历史沿革陈列展》正式对外开放。

◎ 2007 年 10 月，麦积山石窟艺术研究所联合甘肃省林学院、小陇山森林病虫害防治站等单位，对麦积山石窟周边的生物环境进行调查。在对生物的危害种类、破坏方式等调查清楚后，展开常规性的危害生物防治工作。

◎ 2008 年 2 月，《天水麦积山石窟研究论文集》由甘肃文化出版社出版，收集了自 1941 年至 2006 年的 258 篇论文，是麦积山石窟最全面的论文集成。

◎ 2008 年 4 月，麦积山石窟艺术研究所馆藏《金光明经卷四》入选第一批《国家珍贵古籍名录》。

◎ 2008 年 5 月 12 日，汶川地震影响到麦积山石窟，为了防止余震，我所及时开展了洞窟文物防震工作。

◎ 2008 年 9 月，《瑞应寺遗珍》由甘肃人民出版社出版。该书首次披露并重点介绍了一批麦积山藏古代文书，对研究明清时期秦州地区佛教以及与周边地区佛教文化交流有较高的价值。

◎ 2008 年 10 月 27 日，《麦积山石窟保护管理办法》（甘政办发 [2008]138 号）正式由甘肃省政府颁布。

◎ 2008 年 11 月，天津大学建筑学院主编的《麦积山石窟保护规划》通过国家文物局论证。

◎ 2009 年 4 月 7 日，甘肃省丝绸之路申报世界文化遗产领导小组专门召开了麦积山石窟环境整治问题协调会。

◎ 2009 年 4 月，开始山顶舍利塔发掘工作，到 6 月底结束，历时 3 个月。10 月，舍利塔的还原修复工作顺利竣工，并通过验收。

◎ 2009 年，考古室对东崖大佛进行了测绘，2010 年，对西崖大佛进行了测绘。

◎ 2009 年，保护室完成仙人崖石窟南崖的修复任务。

◎ 2009 年 10 月，由日本学者东山健吾资助的《麦积山石窟研究》文集由文物出版社出版。

◎ 2009 年 12 月，和北京凸版数字有限公司合作完成国家文物局课题《麦积山石窟数字化技术应用研究》顺利结项。

◎ 2010 年，拆除广场 20 世纪建设的文物库房、接待室、四合院等建筑，办公人员相继搬到新建平房办公。

◎ 2011 年 3 月，我所获得甘肃省文物局颁发乙级文物勘察设计资质。

◎ 2011 年，武汉大学武汉朗视软件有限公司与我所达成协议，先期对七个特级洞窟进行数字化测绘工作，此后几年，该工作连续开展，准备对全部的洞窟进行数字化扫描和测绘。

◎ 2012 年，根据国际形势，国家文物局将原来的与中亚五国共同申报丝绸之路文化遗产，改为与哈萨克斯坦和吉尔吉斯斯坦跨国联合申报"丝绸之路：起始段和天山廊道"世界文化遗产。为了切实加强麦积山石窟申遗工作，所内成立了申遗工作领导小组，动员全所力量，进行申遗最后阶段工作。

◎ 2012年1月，拆除石窟对面两栋办公楼，并对广场的铺装进行改造。

◎ 2012年10月，第一次全国可移动文物普查开始，对馆藏文物按规范进行整理清查。

◎ 2013年，甘肃东部地区的中小石窟调查工作再次启动，对各地新登记的石窟地点进行调查。历时数月，对陇南、庆阳、平凉等地区新发现的中小石窟进行详尽勘察，圆满地完成了野外调查任务。

◎ 2013年，麦积山石窟的申遗工作进入到冲刺阶段，10月16日，以完美的姿态迎接国际专家的考察验收。

◎ 2014年6月22日，在卡塔尔首都多哈举行的第38届世界遗产大会上，中国大运河、中国与哈萨克斯坦、吉尔吉斯斯坦联合申报的"丝绸之路：起始段和天山廊道路网"成功列入世界遗产名录。

后　记

在 2000 年，麦积山石窟艺术研究所将年度工作汇总，编辑印刷《所内年报》，编者也有幸参与编辑工作，除了将所内本年度工作编辑外，还尝试将以前的相关工作以回忆的形式编写成稿件，也是很有意义的事。

在工作过程中，逐渐了解了很多早期的工作，很感兴趣那些人、那些事，也就利用闲暇之余有意识地收集这些岁月碎片，深感前辈的工作人员在艰苦的岁月里做出了大量的工作。这些工作都在岁月的风尘里逐渐地被掩埋、被遗忘。也曾尝试着以编辑的名义邀请相关人员撰写一些稿子，让麦积山的历史得以明晰，让前辈的工作得以彰显，但是均不如意。

现在编写的《麦积山石窟文物工作七十年》也是一个意外，起初是和部门同事商议编写《麦积山文物保护七十年》，本意是将多年来有关麦积山的文物保护论文以及早期修复完成的洞窟但是没有发表的报告一并合集出版。可能是书名不是太准确，应该是《麦积山文物保护论文集》，所以进行体例讨论时，大家却按照《麦积山文物工作七十年工作历程》的概念提出了很多建议，这就让编辑工作陷入了两难的境地，遂分开两本书，分别是《麦积山石窟文物工作七十年》和《麦积山文物保护七十年文集》。

但是在编写过程中遇到了难以预计的困难，首先是单位对早期资料的保存本来就很少，而且恰逢办公楼拆迁、各种文件全部封存入库，一份也看不到，所有的资料必须从外围调查做起，同时采访相关的老同志，收集资料之艰难无以言表，甘苦自知。

但艰难中也多有欣喜，先后从和麦积山石窟早期工作相关的各个单位和老同志、专家等处收集了很多珍贵的资料和信息，如天水市档案局藏麦积山石窟文管所早期文件、敦煌研究院藏 1952 年常书鸿先生带队拍摄的麦积山照片、文化遗产研究院保存的麦积山调查资料、中央美术学院保存的早期调查资料等等，同时也从旧书网等购买了大量和麦积山相关书籍，了解到了 20 世纪 40 年代王子云先生带领西北艺术文物考察团到麦积山考察的资料，这些都是我们缺失的珍贵资料。

对一个单位而言，必须清楚自己发展的历史，也必须铭记前辈的功绩，以史为鉴，继往开来。不能让这些历史在岁月沙尘中逐渐地被遗忘，站在历史节点上的麦积山人必须对历史有所担当！

麦积山于群山之中矗立，经万千风雨洗礼，已成为一座圣山，常常在白天如潮的游客中和夜晚宁静的月光中静静地凝望这座圣山，在一定的意义上，它已经是我们心中的"莫高山"，天下石窟莫高于此，值得为其付出任何的努力，不畏风雨侵袭，不畏道路荆棘，不停止跋涉的脚步！

　　本书的编辑过程是一个全所通力合作的过程，所领导和各个部门的负责同志都大力支持和配合，在收集资料过程中，很多同志包括退休的老同志都提供了大量的图片、信息等，限于体例难以一一署名，在此表示衷心感谢！

编者

2017 年 12 日